もやもやしたら、習慣かえてみたら?

はじめに

「暮らしのおへそ」という雑誌を立ち上げたのは、２００６年のことです。それは、私が今住んでいる築50年の平屋に引っ越した年でもありました。新たな街の新たな家で生活が始まると、なんだか人生までがまっさらになった気分で、「よ〜し！」と張り切りモードになりました。「明日から早起きをして、毎朝ちゃんと掃除をするぞ」なんて決心をしたけれど、当時完全な夜型だった私が、突然朝型に変身できるわけもありません。ハッと目覚めると太陽は高くあがり、「あ〜あ、私ってダメね〜」とため息をついたもの。早起きをするには、早く寝なくてはいけなくて、早く寝るためには、早くご飯を食べ終わらなくてはいけなくて、早く夕飯を終えるためには、早く仕事を切り上げなくてはいけない……。「早起き」というたったひとつの習慣を手に入れるために、すべてがパタパタと変わっていく……。そのとき「習慣って、すごい！」と感じたのでした。だとすれば、逆の視点で考えてみたら、習慣をひとつ変えたら、暮らしが変わり、人生が変わるかもしれない……。そして、「習慣」を切り口にした雑誌を作りたい、と思ったのです。

人の暮らしは、背骨が積み重なるように、ひとつひとつの習慣の積み重ねでできている……。その中心にあるのが「おへそ」。そこで「習慣」＝「おへそ」と名づけ、「暮らしのおへそ」という書名にすることに。あれから十数年。いろいろな方に取材をさせていただきました。そのなかで、特に印象的だった習慣をピックアップし1冊にまとめたのがこの本です。今回、過去35冊分を見返して、まるで宝物のような小さな習慣が、ぎっしり詰まっていることに、あらためて感動してしまいました。人生の舵《かじ》をぐっと切ることは、なかなか難しいけれど、いつもの習慣を変えてみることなら、明日からできます。「この頃、なんだかつまらないなあ」「何かがうまくいかないなあ」ともやもやしたら、習慣を見直してみるのはいかがでしょう？　どんなにささやかな、小さな習慣でも、きっと明日を変える力があるはずですから。

「暮らしのおへそ」編集ディレクター
一田憲子

目次

1章

やりたいことが
わからない人へ

樹木希林さん

女優。文学座付属演劇研究所に入所。70年代のテレビドラマ「時間ですよ」「寺内貫太郎一家」などに出演し人気を博す。存在感のある女優として話題の映画にも数々出演。2018年9月惜しまれながら逝去。

石けん1個で生活する

こんな仕事がしたい、という欲はいっさいなし。
演じない、頑張らない、無理をしない。
「ない」のに、そこにあるものこそ確か

取材時、インタビューを終えて、写真撮影をする際「室内は暗いから、外に出ましょうか？」と、サッと席を立った希林さん。コートを羽織り、カメラに向かってさっそうと歩き出す、その姿はまさに女優、樹木希林でした。演じず、頑張らず、無理をしない。「しない」のに、確かにそこにあるものがある……。そんな「無欲」の在《あ》り方を教えていただきました。

頑張らなくても、そこにいるだけで香り立つ。そんな生き方を

どこへ向かって頑張るのか？　何を目指して進むのか？　私たちが悶々《もんもん》とするのは、多くの場合、行き先がわからないからなんじゃないかなと思います。方向さえわかれば、全力を尽くして走り出すのに……。人生の大先輩をインタビューさせていただくたびに、その答えを聞いてみたいと試みては、逆に思い知るのは、「それはあなたが考えることでしょ」という事実でした。

ずっとお会いしてみたいと熱望していた樹木希林さんのインタビューが叶《かな》ったのは、2017年のことでした。まさかその1年後に永遠にお会いできなくなるなんて、思ってもいませんでした。緊張でカチカチになりながら、ご自宅の一角でお話をうかがいました。どの映画でもドラマでも、そしてナレーションでも、圧倒的な存在感を放つ希林さん。さぞかし吟味して出演作品を決め、綿密な準備をされているのかと思いきや……。「いえいえ、仕事は来た順番に受けるの。ナレーションは渡された台本をその

場で最初から読んでいるだけ」と聞いて驚きました。「こんな仕事がしたい、あんな役がやりたいという欲はいっさいないわね」

　ふだんの生活では、石けんは家じゅうで1個だけ。台所での汚れ物はお湯と布で落とすそう。固形石けんをおろし金でおろして洗濯機で使うといいますからびっくり！　洋服もまったく買わず、この日にお召しになっていたのは着物をリメイクしたパンツとチャイナ服のようなブラウスでした。仕事に対する欲はない。役づくりはしない。ものは持たない。希林さんの日常はまったくの「無欲」でした。

　だったら、どうしていい演技ができるのでしょう？　そう聞くとこんな話をしてくれました。「世の中には、ばあさんがいっぱいいるじゃない？　でもばあさんは、自分がばあさんとは思っていないのよ。女優はね〝ばあさん〟を演《や》ろうとするの。私は私のまんま出ている。ただ、体型とか、座り方とかはまわりにお手本がいっぱいいるから真似したけれどね。演じるっていうのは、頑張るってことじゃない。そこに〝いるだけ〟になればいいわねえ」。努力したり、頑張らなくても、そこにいるだけで、その人から香り立つ。そんな生き方をしなさいと背中を押していただいた気がします。

堀井和子さん

スタイリスト、エッセイスト。料理スタイリストを経て渡米。自宅のインテリアや雑貨などをテーマにした書籍を多数出版。2010年から夫と共に「1丁目ほりい事務所」を立ち上げオリジナル商品のデザイン制作も行っている。

目を鍛錬する

展覧会で、手に入らないとわかっていても
もし、1点だけ買えるとしたら……と考えれば
「自分で選ぶ」という目の力が鍛えられる

ご自身の本で、スタイリング、写真、イラスト、文章すべてをひとりで手がけてきた堀井さん。エッセイは、どれもが堀井さんの自宅のテーブルの上や窓辺、食器棚やキッチンで起こったことです。「自分が好きだなあと思うものが、世の中の評価と違っても、自分の好きを優先させます」と堀井さん。自分だけのアンテナを磨くこと。その強さがセンスを育てるのかもしれません。

ものを見る「意識」を変えれば見えるものが変わってくる

ものを見る目＝センスというものはどうしたら育てられるのだろう？　と若い頃からずっと考えていました。私は「書く」ことが仕事なので、いろいろな方のエッセイを読むことで、センスをインプットしてきた気がします。そのひとりが堀井和子さんでした。堀井さんのエッセイは意外に「理系」です。「朝食のためのパンは、（中略）予熱なしで電気オーブンを１００℃にセットして、（中略）冬で約13分、夏で約12分温める」（『早起きのブレックファースト』河出書房新社）など。その緻密さに、「大ざっぱな私とはものを見る解像度が違うわ」とため息をついたもの。

センスとは、絵がうまいとか、色使いが上手など、先天的な「感覚」なのかと思っていました。でも、取材の際、堀井さんはとても論理的に目を鍛錬する習慣を教えてくれました。そのひとつが、美術館の展覧会で、たとえ手に入らないとわかっていても、「もし1点だけ買えるとしたら、どれを選ぶかなあ」と必ず考えるようにしている、ということ。実際にお金を払い、家に持ち帰る、という前提でものを見ると、「人ごと」から「自分ごと」になります。堀井さんにこのことを教えてもらってから、私は美術館に行くと「どれにしようかな？」と考えるようになりました。

もうひとつが、家具や器や絵などを手に入れたあとに、同じ作者のもの、同じ柄のものなどのあとを追いかけてみたり、集めてみること。美術館で見たアーティストの写真集を、神保町の古書店で見つけたり、骨董《こっとう》市で買った茶碗と同じ柄の皿にめぐり合ったり。「最初はどうしてそれに惹《ひ》かれるのかわからなくても、同じデザインに出会って、アッと思ったとき、『この部分のこの柄が好きだったんだ』と気づくんです。ものを追いかけ続けるのは、自分の『好き』を探るためかもしれませんね」

堀井さんのお話を聞いて感じたのは、興味を広げ、観察したり、触れたり、比べたり、つなげたり。そのなかで何かを知っていくというプロセスが、何より楽しそう！ということでした。「興味をもつとは、何かを知るための〝入り口〟で、〝種〟を拾うこと」。ものを見る意識を変えるだけで、見えるものが変わってくる……。どんな「つもり」で向き合えば、何が見えてくるのか、実験してみたくなりました。

ヨシタケシンスケさん

イラストレーター、絵本作家。筑波大学大学院芸術研究科総合造形コース修了。日常のさりげないひとコマをすくい上げ、そこから広がる世界に思わずくすっと笑ってしまう絵本が人気。イラストエッセイなど多岐にわたり作品を発表している。

出かけないで暮らす

井の中の蛙《かわず》でも、
自分の井戸に関しては誰よりも詳しい。
井戸の中もおもしろそうだと思ってもらえればオッケー

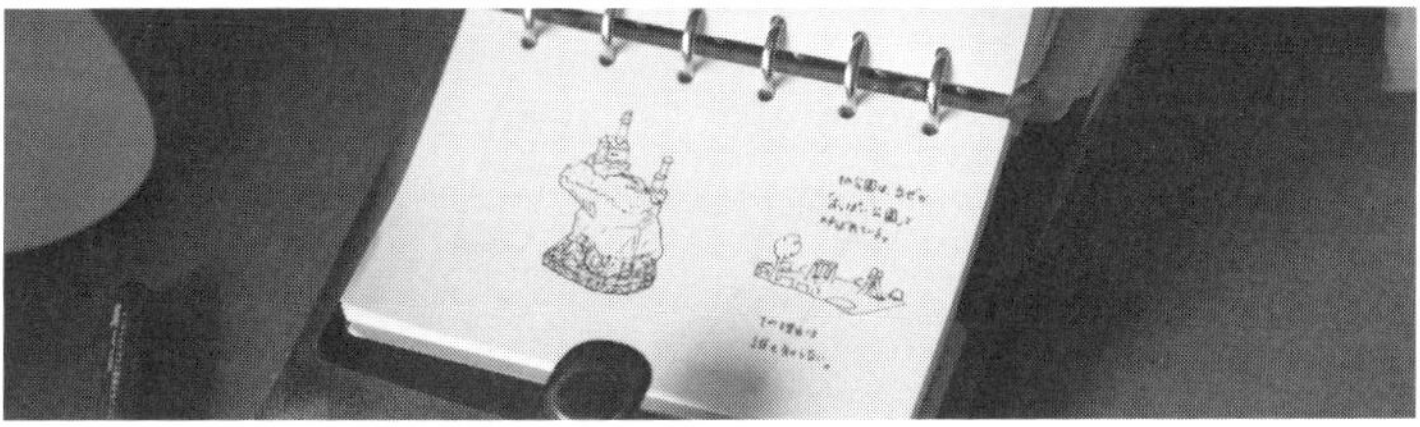

革の手帳には、日常のなかで見つけたおもしろいことなどがイラストと文字で記録されています。20年以上続けていて、たまると手帳からはずして別のファイルへ。取材時はその数69冊でした。このイラストが編集者の目に留まり、「絵本を描きませんか？」と依頼されたのが絵本作家になるきっかけ。スケッチは、自分をおもしろがらせるための記録でもあります。

時には世界を狭めて、扉を閉めて自分の井戸を掘ってみるのもいい

若い頃、フリーライターとして仕事をしていくためには、いろんなことを知っていないといけない、と思っていました。家具屋さんや雑貨屋さん、人気の器作家さんをたくさん知っていることが大事。だから、時間があれば、いろんなお店に足を運んでいました。でも……。だんだん疲れてきたのです。「行きたいから行く」のではなく、「情報を得るために行く」のでは、自分を消耗してしまいます。そんな経験を経て、「たくさん知らなくてもいい」と割り切るようになりました。

ヨシタケシンスケさんの絵本を読むと、くすっと笑ってしまいます。デビュー作『りんごかもしれない』（ブロンズ新社）は、「もしかしたらこれは、りんごじゃないかもしれない」と疑い始めた男の子の想像がどんどんふくらんでいくお話。ボローニャ・ラガッツィ賞を受賞した『もう　ぬげない』（同社）は、服がひっくり返って脱げなくなっている子どもが、このままどうやって生きていくかに延々と思いをめぐらせます。

ふだんは、ご自宅兼アトリエのある神奈川県茅ヶ崎市からほとんど出かけずに暮らしているそうです。子どもたちが学校から帰ってくると、入れ替わるようにして近所のコーヒーショップに出かけるのが習慣だそう。どこへ行くときでも肌身離さず持ち歩いている、というスケジュール帳を見せていただくと、後ろ半分がスケッチ用になっていて、見たこと、思いついたことが、絵や言葉で細かく描き込まれていました。「僕はメンタルがとても弱く、ちょっとしたことですぐ落ち込んでしまうんです。何とかして自分を盛り上げなくちゃいけない。『世の中は見ようによってはおもしろいよ、捨てたもんじゃないよ』と自分自身に言い聞かせるために、どうでもいいことをおもしろがろう、としている。このスケッチはその記録です」

どんなに明るい人でも、ヨシタケさん的な部分をもっているんじゃないかなあと思います。誰もが隣にいる人と心がすれ違い、不安で心がす〜す〜する……。そんなとき、扉を閉じて、自分の井戸を掘ってみるのもいい。抜群に素晴らしい答えを見つけなくても、ふふっと笑える種を見つければ、明日がちょっと変わるのかも。世界をひとまわり小さくすると、何かいいことが起こりそうです。

もたいまさこさん

「劇団3〇〇《さんじゅうまる》」の立ち上げに参加。退団後テレビドラマ「やっぱり猫が好き」の長女役で一躍人気に。映画「それでもボクはやってない」で日本アカデミー賞最優秀助演女優賞を受賞。映画、テレビドラマで存在感のある役を演じる。

わからないなら、
わからないままおいておく

大切なのは、わからないことを忘れないこと。
心で温め続けた時間が
いつかどこかで答えを拾い上げる力になる

テレビドラマや映画でひとつの役を与えられると、考え抜いて現場に立つので、急な変更があるとついていけなくなってしまうそう。そんな演じ方は、長年舞台で稽古《けいこ》を繰り返してきたから。「最近やっと自分とのつき合い方がわかってきました。『誰かになる』ことばかり求めていたけれど、自分を知れば、私は私にしかなれないと諦められるんですよね」

無理して答えを出さなくていい、と知れば安心して悩み続けられる

映画「かもめ食堂」のマサコ、「めがね」のサクラ。華やかなスポットライトは浴びないけれど、その姿が気になってしかたがない……。もたいまさこさんが演じる役はいつも静かな個性をたたえています。インタビュー当日、「よろしくお願いします」ときちんとあいさつをされたあと、スタスタとスタジオを横切って用意していた椅子にストンと座られました。その佇《たたず》まいの自然だったこと！　芸能人の方の取材というと、確かに目の前にはご本人がいらっしゃるのに、「女優」や「歌手」としての仮面があって、素のままの気持ちや心に触れられない……ということも。なのに、もたいさんは、初めからこちらを受け入れてくれたような安心感を感じさせてくれました。

「考えるより先に行動しちゃう人がいるでしょう？　私はその逆。石橋をたたいて、たたき壊してしまうタイプ。体も頭も固くて、何をするにも時間がかかるんです」

そして「かもめ食堂」の撮影時のエピソードを聞かせてくれました。「どうしたら、

この役を消化できるんだろう？　とずっと悩みました。結局結論も出せず、棒読みで台詞《せりふ》を言うしかなかったんですよね。でも、完成した映画を見たとき、これでいいんだって思ったんです。何かを無理して伝えようとしなくても、台詞だけ言えば伝わる。そのとき、自分の欠点が長所になっているかもしれないと初めて思えました」

「ありのままでいい」ってことは「努力をしない」ということなのでしょうか？　そんなぶしつけな質問にも、心を尽くして言葉を選び、答えてくれました。

「自転車の練習をしていたら、ずっとうまくいかないのに、急に乗れるようになるでしょう？　あるとき、ふっとわかる瞬間が必ずどこかにある。でも、それは練習していてこそなんですよね」。つまり、台詞が棒読みでも、そこにたどり着くまでに費やした時間は、必ず演技に表れるということ……。

「わからないなら、無理にわかろうとせず、保留にすればいいんですよ。大事なのは、わからないことを忘れないこと」。この言葉はライター人生のなかでも、忘れられない宝物になりました。わからなくても、自分の心のなかで温め続ければいつか何かがふっとあふれ出る。そんな瞬間を「待つ」という習慣をつくってみたくなりました。

赤木明登さん
智子さん

東京で、明登さんは出版社勤務。智子さんはギャラリーで企画の仕事を。１９８８年輪島に移住。輪島塗職人に弟子入り後独立。和紙を使った独自の漆器作りを始める。現在は各地で個展を開催し、器はレストラン、ホテルなどでも使われている。

毎日夫婦で手をつないで散歩する

考えても、計算してもわからないことがある。
本当に確かなことは、手の実感だけ。
手と手をつないで歩いていけば、どこでも暮らしていける

東京で、明登さんは編集者を、智子さんはギャラリーで企画の仕事をしていたそうです。毎日遅くまで働いて、帰ったら寝るだけ。「ちゃんと家族でご飯が食べられる、そんな暮らしがしたい」というのが塗師《ぬし》になった理由のひとつだったそう。当時長女の百ちゃんは１歳でした。干物を作り、雑巾を絞り、漆を塗って。手を動かすことが唯一の確かさです。

刻々と変わる世の中で確かなものが見つからない

若い頃から雑誌が大好きで、ページを繰るたびにワクワクし、新しい世界の扉を開けてきたけれど、いつしかウェブが中心となり、ユーチューブがはやり、ボイシーなどの音声メディアが登場し……。世の中のスピードがどんどん速くなるにつれ、「確かなもの」ってなんなのだろう？　と考えるようになりました。

これまで、「社会」というフレームに、どう自分を合わせ、そこで認められるにはどうしたらいいんだろう？　と頑張ってきたけれど、そのフレーム自体が驚くほどのスピードで変わってしまったら、せっかく確立したものを、また壊して、パズルを組み立てなくてはいけません。そんな「不確かさ」の前で、そろそろ考え方をシフトさせなくてはいけないんじゃなかろうか？　と感じています。

赤木明登《あきと》さんが塗師になろう、と石川県に引っ越した際、まずは師匠に弟子入りし、修業をしなくてはいけませんでした。そこから塗師になったとしても、自分が作った器が売れて、食べていけるとは限りません。どうして、そんな不確かな道を……と当時の状況を想像するだけでハラハラしてしまいました。でも、妻の智子さんは、毎日ご飯を作り、雑巾を絞って拭き掃除をし、赤木さんはコツコツとお椀を塗りました。

人が自分の力でコントロールできることって、こんな日々の営みだけなのかも。だとすれば、「確かなこと」の正体は、「今できること」であるのかもしれません。

取材にうかがったのは、今から17年前。赤木さんは、朝5時に起き、固く絞った雑巾で床を拭き、智子さんが漬けておいてくれた漬物とご飯とみそ汁で朝ご飯を食べていました。時には輪島の朝市で買った魚で干物を作って。漆器を作るには、漆と輪島地の粉を混ぜ合わせたものを、塗って乾かしてまた塗って。10〜15回も塗り重ねてやっと完成するそう。そんな毎日はすべて手を動かすことで成り立っていました。

この先どうなるのかな？と考えるから、「確かさ」が「不確かさ」にすり替わってしまいます。一歩先のことなんて、誰にもわからない。そう腹をくくって、地味で当たり前かもしれないけれど、自分の手でできる習慣を探してみたら、ざわざわした心が落ち着きそうな予感がします。

佐治晴夫さん

人間の心拍数や小川のせせらぎなど、宇宙創生に関わる「ゆらぎ」研究の第一人者として知られる理学博士（理論物理学）。大学教授や学長、学園理事長などを務めたのち、２０１１年に北海道美瑛町にアトリエを構え移住。

星を眺めて、ピアノを弾く

秩序があるところに美しさを感じる。
それは数式も音楽も天体観測も同じ。
どんなものも、うんと掘り下げた根底ではつながっている

朝起きたら、スタインウェイのピアノでバッハを弾き、日中は天体望遠鏡で「真昼の星」を見るのが物理学者、佐治さんの習慣。毎朝同じ曲を弾くと、その日の体と心のコンディションがわかるそう。昼間でも、ダイヤモンドが燃えているかのように星が見えるのだとか。「文系、理系の枠にとらわれず、自由なものの見方をすれば、すべてが根っこでつながることがわかります」

「過去は変えられる」と知れば くよくよしないで生きていける

北海道美瑛町に移住した佐治晴夫さんを訪ねて取材にうかがった日、ポルシェ911カレラ4Sで迎えに来てくださいました。待ち合わせは「丘のまち郷土学館 美宙《みそら》」。ここに天体望遠鏡があり、「昼間の星を一緒に見ませんか？」とお誘いいただいていました。「えっ？ 昼間の星？」と不思議に思いながらうかがうと、こんな話をしてくれました。「科学は見えないものを『見える化』することで進歩してきました。宇宙のなかで私たちの目に見えるものはたった4％。96％は見えないものなんです。正体不明なものだけど、確かに存在するものがある。昼間に星を見る体験は、目に見えるものがすべてではないことに気づかせてくれます」

天文台を出たら、今度はご自宅に。リビングにはグランドピアノが置かれていて、すぐにその前に座り、バッハの「プレリュード」を弾いてくださり、うっとり。天体観測からピアノへ。なんてロマンチックな習慣をもつ物理学者なんでしょう！

この取材で今までの価値観がくるりとひっくり返るぐらい驚いたことがあります。それが「過去は変えられる」ということ……。

ずっと音楽家になりたいと思っていた佐治さん。でもそれは憧れに終わり、大学では数学科へ。ところが周囲は天才ばかりで、単位取得後、あらためて物理学科へ。そして、最終的には理論物理学の世界へ。思いどおりの道ではなかったけれど、音楽と数学の知識があったからこそ、NASAとの共同研究で、惑星探査機「ボイジャー」にバッハの「プレリュード」を搭載しようと提案することになったそう。「人生というのは、その時点でよかった、悪かったというのは言えないものです。これからどう生きていくかで過去の価値はいかようにも変えられます。未来が過去を決めるのです」

思いどおりにならないことがあっても、悔やまれることがあっても、「これから」歩む時間によって、過去の事実をよりよきものへと変換できる。そう考えるだけで、未来に光が差し込む気がします。もし、これからうまくいかないことに出会っても、その場でその良しあしが決まるわけではない……。くよくよしないで、星空を見上げてみようか？　佐治さんとの出会いがこれからの道を照らしてくれたようでした。

有元くるみさん

料理家。世界中を旅しながら、出会った食文化を題材にケータリングや料理教室を開催。2015年に高知県に移住。現在はサーフィンを楽しみながら、モロッコの調味料「アリッサ」や、スパイス各種、季節のジャムなどを生産販売している。

いちばんやりたいことから一日を始める

朝起きたら海に行く。
仕事が暮らしの真ん中じゃなくていい。
優先順位を変えてみれば、人生が動き出す

かつては東京で、アパレル会社のデザイナーとして働いていたという有元さん。週末ごとにサーフィンに通ううちに「海のそばに住んじゃおうか？」と引っ越しを。海を中心に、おいしいものを作って食べ、仕事をして。「いちばんやりたいこと」のために、仕事のやり方を考え、家事を調整。海に浮かぶひとときは、自分が自分でいるための時間でもあるようです。

人が決めたゴールは、永遠にそこにあるわけじゃない

優等生として先生から褒めてもらえるように、勉強もクラブ活動も頑張っていたけれど、社会人になったとたんに、突然褒めてくれる人がいなくなって、「いったいどこへ向かって頑張ればいいんだろう?」と途方に暮れたことを覚えています。いい雑誌を作りたい、と意気込んでいても、雑誌が休刊になることもあります。「あの雑誌のために、あんなに頑張ったのに」と、自分の功績を振りかざしても、誰も私の人生に責任をとってくれる人なんていない、と知り愕然《がくぜん》としました。

そんな経験を何度か繰り返し「私のすべて」と思い込んでいた世界が、実は大きな世界のほんのひとつのパーツでしかない、とわかってきました。人が決めたゴールは永遠にそこにあるわけではない……。だったら、人は自分で自分のゴールの旗を立てるしかない。そう理解するまでずいぶんと時間がかかってしまいました。

「暮らしのおへそ」創刊号で、有元くるみさんが「朝起きたら、まずは海へ行く」と

いう習慣を教えてくれたとき、「へ〜、そういう人生もあるのね〜」とどこか「人ごと」としてしか捉えられていなかったなあと思います。掃除や洗濯でなく、仕事でもなく、まずは海へ行く。それは、「いちばんやりたいことからやる」ということなんだなあ。だったら私の「いちばんやりたいこと」って何だろう？　と考えても、さっぱり見えてきません。たぶん私はずっと「やらなくてはいけないこと」「やるべきこと」ばかりを優先して、それを片づけたあとに「やりたいこと」に手をつけよう、と考えていたのだと思います。その結果、いつも「やりたいこと」はあとまわしで、いつの間にか、その姿まで見失ってしまったよう。

きちんと掃除をして家族のためにご飯を作る。やりがいのある仕事をして成果を上げる……。それは大切なことには違いないけれど、時にはすべてを放り出してサーフボードを抱えて海へ出かけたっていい。歳を重ねたら、やっとそう思えるようになってきました。誰かに文句を言われたり、叱られたりするかもしれないけれど、波間に浮かんだあの気持ちよさは、私だけが知っている確かさ。そんな自分だけの旗をいくつもっているかが、この先の人生を豊かに耕してくれる気がしています。

植松 努さん

「植松電機」代表取締役。幼少の頃より飛行機好きで、現在は「植松電機」でロケット開発をはじめ、宇宙開発を軸に研究を進めている。全国各地で講演やロケット教室を通じて子どもたちに「夢を諦めないこと」を伝えている。

失敗を自分のせいにしない

人間は「やったことがないこと」にしか出会わない。
「だったらこうしてみたら」のひとことで、
失敗は、前へ進むためのデータになる

大学では流体力学を学び、卒業後は名古屋の会社で航空機設計を担当。北海道に戻り、父が営んでいた「植松電機」に就職。クレーンなどの先端に設置して鉄くずなどを拾い出すマグネットを製造販売しています。プラモデル、漫画、書籍など、幼い頃から大好きだったものは、なにひとつ手放していないそう。「『人と違うこと』が、今の僕をつくってくれました」

自分のなかに小さな自信を育てたら隣の人に優しくなれる

植松努さんは、北海道赤平市で父の代から続く「植松電機」を引き継ぎ、社長として町工場を経営する方です。でも、それだけではありません。今、「植松電機」にはNASAをはじめ、世界中の研究者が訪れます。幼い頃から、飛行機やロケットが大好きで「いつかロケットを作る人になりたい」と思っていたそう。ところが、周囲の大人たちから出てきたのは、「そんなことできっこない」とか「どうせ無理」という言葉。人の可能性を奪う言葉です。そこで、「どうせ無理」をひっくり返そうと、本業と並行してロケット開発、小型人工衛星の研究開発などを手がけるようになりました。さらには、子どもたちを招いて「ロケット教室」も開催しています。

初めて植松さんのことを知ったのは、知人が植松さんのTEDでの講演をシェアしていてくれたからでした。20分ほどの動画にわれを忘れて見入りました。そして、どうしてもこの人に会ってみたい、と思ったのです。実は取材当日、私は風邪をひいて体調は最悪。でも……。取材が始まると、植松さんの言葉に体の細胞ひとつひとつがプチプチと目覚めるようで、忘れられないスペシャルな取材となりました。

それはたとえばこんな言葉……。「人間は『やったことがないこと』にしか出会いません。なぜなら、人間は一回しか生きることができないから。ということは、人間は必ず失敗するということです。みんな初めての、一回しかない人生を、ぶっつけ本番で生きています。だから失敗はダメじゃないんです。失敗はデータです。『なんでだろう？』『だったらこうしてみれば？』このふたことだけで、失敗は階段の一段になって、みんなを強く、優しくしてくれます」

私は優等生体質なので、失敗が大嫌いです。「うまくいくことだけをしよう」と考えてしまう。でも……。「失敗はデータ」という言葉を聞いて、失敗に対する恐怖が前向きな力へ変換されたような気分になりました。さらには……。ずっと自分に自信をもつ方法を知りたいと考えていたけれど、植松さんが教えてくれたのは、人は自信をもったら強くなれる、強くなったら優しくなれるということ。自分のためだけでなく、隣にいる人のために小さな自信を育ててみたくなりました。

藤田志保さん

主婦。大学卒業後、地元の企業に就職。結婚を機に専業主婦に。実家に父、夫、長男と暮らす。長女は大学に通うため一人暮らしを。45歳になったときに、派遣登録をして仕事を再開。おいしいものとおしゃれと歌を歌うことが好き。

ショートケーキはいちごから食べる

「やるべきこと」より「やりたいこと」を。
「素敵」より「おいしい」食卓を。
大事なのは、自分がいいと思うこと

愛媛県四国中央市で生まれ育ち、大学で徳島県へ。卒業後結婚。今は父が庭で作った野菜を使って日々のご飯づくりを。「すいかを収穫したら、いちばん甘い真ん中を、子どもたちにとられる前に私が食べちゃいます。わが家は弱肉強食なんですよ」と笑います。ショートケーキはいちごからパクリ。焼き肉の日には、食卓に新聞紙をテーブルクロス代わりに広げて。

「人の目」から解放されるには「何より大事」を見つけること

「人の目を気にしない」という生き方のほうが、ラクだし幸せだ、とわかっているのに、なかなかそれができません。頑張ったら褒めてもらいたいし、できれば「あの人素敵ね」と言われたい。どうしたらまわりをキョロキョロ見渡してしまうクセを手放して、「私は私」と思えるのだろう？　とずっと考えてきました。

愛媛県四国中央市で暮らす主婦、藤田志保さんに取材をお願いしたいと思ったのは、そのSNSにアップされる日々のご飯が、とびきりおいしそうで、幸せそうだったから。でも、それは、いわゆる「インスタ映え」するキラキラしたごちそうとはちょっと違ったのです。卓上コンロで豚バラ肉をジュージュー焼く「サムギョプサル」の日には、脂が飛び散るからとテーブルに新聞紙を広げて。揚げたてアツアツの串揚げは、リサイクルショップで400円だったというフライヤーを食卓に置いて。「見た目」より、家族がおいしく、楽しく食べられることが何より大事。それが伝わってくるから、こちらまでなんだか幸せな気分になるのです。

2018年の取材当時は夫は単身赴任中で、志保さんのご実家で79歳の父先《はじめ》さんと、長女の京子ちゃん、長男大介くんとの4人暮らしでした。「レストランで食べたおいしいものを自宅で再現するのが好きなんです。私はあれこれ手が込んだものは作れないけれど、焼きたて、揚げたてであれば、なんでもおいしいでしょう?」

数年前に大きな病気をしてから、「ねばならぬ」より「やりたい」ことを優先させるようになったのだと言います。「ショートケーキのいちごをあとから食べようと思って取っておいても、食べられなくなるかもしれない。だから、洗い物を朝まで放っておいても、部屋の隅にホコリがたまっていても、やりたいことからやろう、って決めたんです」と語ってくれました。

月に一度は松山市まで車を走らせ、ピアノバーで熱唱するという藤田さん。遊ぶときも、家族でご飯を食べるときも楽しそう! 「人目を気にしないでおこう」と思うこと自体が無理なのかもしれません。「何より大事」と思えるものが見つかったとき、人は「誰かの目」から解放される気がします。

須長 檀さん
理世さん

檀さんはスウェーデンで活躍していた家具デザイナー。理世《みちよ》さんはテキスタイルデザイナー。帰国後、長野県軽井沢に北欧家具と雑貨の店「ナチュール」をオープン。現在は「ナチュールテラス」、2021年にオープンした「ラーゴム」を営む。

思考をビジュアル化する

心に芽生えた問いのまわりに
ひらめきをどんどん書き足すと
おのずと答えにたどり着く

10年間スウェーデンで暮らし、帰国後、長野県軽井沢で家具と雑貨の店を開いた須長さんご夫婦。妻の理世さんが2つの店のディレクターを務め、家具デザイナーの夫、檀さんは、障害のある人と共に作品を生み出すデザイン工芸アトリエ「コンスト」のクリエイティブディレクターでもあります。ふたりとも書くことで頭を整理し俯瞰《ふかん》の視点をもつことができるそうです。

「考えているつもり」から脱出し思考の幅をひとまわり広く

毎日、お風呂に1冊のノートとボールペンを持って入ります。ふたの上にタオルを敷き、ノートを広げて……。その日あったこと、気づいたことを書き込みます。三日坊主の私が、なんとかこの習慣を続けていられるのは、お風呂とセットにしたから。わざわざ時間を取ってノートを広げて書く、というだけなら、面倒くさくて続かなかっただろうけれど「お湯につかる」という「なんにもしない」時間を利用することで、強い意志や努力なしで定着しました。

「今日はもう書くことないけどな」と思いながらも、ノートを広げると、「そうそう、自転車置き場のおじさんがあんなこと言ってた」など、なんでもないことが浮かんできます。そこから「あのおじさんが言ってたことと、先日取材で聞いたことは、実は同じだよな」など、「あれ」と「これ」がつながっていくのがおもしろい……。「書く」という作業は、見えない脳のシナプスをつなげる役目を果たすのかなあと思います。

長野県軽井沢で、家具や雑貨の店「ナチュールテラス」、「ラーゴム」を営む須長夫妻に、単語をいっぱい書き込んだ1枚の紙を見せていただきました。中央には「ペンダントランプ」と書かれ、そのまわりに放射状にさまざまな単語がつながっています。帽子－風－振動、ナチュラル－調和－音楽、といった具合。「考えの振り幅をどれだけ広げられるかが大事なんです。自分の経験の外の分野まで言葉を広げて、思い込みから自由になるためのメソッド（方法）です。言葉の鎖のいちばん先端の単語がつながって、答えが自然に立ち上がってくるんですよ」と教えてもらいました。

スウェーデンの大学で夫の檀さんは家具デザインを、妻の理世さんはテキスタイルデザインを学んでいたそうです。授業の半分以上は、デザインの手前にある「どうやってデザインを考えるか」というメソッドだったのだとか。そのときに使ったのが、この思考のマップだったそう。私たちは、何かを「考えているつもり」になっていることが多いもの。でも、「いったい何を考えているの？」と問い直してみると、その形は意外とぼんやりしているのかも。思考のビジュアル化という習慣によって、新しく立ち上がってくる世界を見てみたくてたまりません。

column
モノから
始まる習慣
①

時間を二層構造にしてくれる、骨伝導イヤホン

朝5時半に起き、2キロほどのウォーキングから帰ってきたら、ストレッチをして、拭き掃除に取りかかる。これが、私の朝のルーティンです。掃除をしながらポッドキャストで、歴史についておもしろおかしく語ってくれるという「コテンラジオ」を聴いています。雑巾を絞って拭き掃除を……と考えると「あ～あ、面倒くさ！」と億劫《おっくう》になりがちですが、ラジオをセットにすることで、お楽しみの時間に変身！ 「日露戦争って、こうやって始まったのか！」「クレオパトラって、ギリシャ人だったのね」と耳を傾けているうちに、あっという間に掃除が終わってしまいます。その際、使っているのが、「ショックス」の骨伝導イヤホン。私は、耳の中にイヤホンなどを入れると、かゆくなってしまうので、引っかけて使うこのタイプが欠かせません。しかも、外の音もちゃんと聞こえるのがいいところ。夫が起きる音がゴソゴソすると、ちょっとラジオを止めて「おはよう！」とあいさつすることもできます。最近注目されている、ポッドキャストやボイシーなどの音声メディアは、掃除をしながら、洗濯物を干しながら……と時間を二層構造に使うことができるので、今までの「習慣」に新たな風を吹かせてくれそうです。

2章

家事が
つらい人へ

伊藤まさこさん

料理や雑貨など暮らしまわりのスタイリストとして活躍。現在はウェブサイト「ほぼ日刊イトイ新聞」内にあるウェブショップ「ｗｅｅｋｓｄａｙｓ」のプロデュースを担当。商品開発やセレクト、スタイリング、エッセイなどを手がけている。

「ここまではやらない」と決める

大事なのはパチリとスイッチを切ること。
自分につながるすべての管を外して完全休業すれば、
まっさらな自分で再スタートができる

新しいことを始めたくなったら、手がけてきたことを潔く「やめる」のがいつもの方法。ウェブショップ「weeksdays」を立ち上げるにあたっても、それまで手がけていた雑誌の連載をいっさいやめてしまったそう。ふだんの生活では「今日は何もしない」と決めてひたすら漫画を読んだり、夕方５時には仕事を切り上げたり。片づける暇がないときには「あとまわし用かご」へ。

暮らしのなかに「おしまい」をつくれば、まっさらでスタートできる

伊藤まさこさんの著書を作るお手伝いをさせていただいたことがあります。ふたりの共通点は早起きだということ。早朝、伊藤さんからメールが来て、それに私が返事を返し、ピンポンのようにリズミカルにやりとりを。担当の編集者が気づく頃には、すっかりふたりの間で結論が出て、仕事が終了していました。

実は伊藤さんに、「暮らしのおへそ」で初めて取材をお願いしたのは2006年のことでした。以後2010年、2015年と3回登場していただきました。早起きで、掃除や洗濯をテキパキこなし、仕事に取りかかる、という習慣はずっと変わりません。一方、最初の頃の私は夜型で、どうしても早起きができませんでした。さくさくと仕事を終わらせて、夕方5時頃には切り上げ、ワインで乾杯！　そんなメリハリのある暮らしのリズムがうらやましくて、真似しようとしては挫折を繰り返していたなあ。

伊藤さんのすごいところは、「できない」とちゃんと諦められるということ。夕方に

は「もう、無理～！」とすべてを投げ出し仕事をおしまいにする……。早起きができなかった頃の私は、この「おしまい」を決めることが、なかなかできませんでした。「もうちょっと頑張っておいたほうがいいんじゃないかな？」「ここまで終わらせておいたほうが、明日ラクかもな」と、ズルズルと後ろに延ばし、その結果、効率はガタ落ちで、翌朝も起きることができない、という負のループに陥ります。

私たちは「できない」ことを、なかなか「できない」と言い切ることができず、つい「できるんじゃないか？」と過信してしまいます。逆に、「できる」ことを「できないんじゃないか？」と必要以上に不安がり、尻込みしてしまうことも。自分の「できる」「できない」をきちんと見極めることの難しいこと！「どんなに忙しくても、いつも機嫌良くいられるように、頭のなかを合理的に片づけるんです」と伊藤さん。

私が早起きができるようになったのは、歳をとって夕飯を食べたら眠くなり、夜原稿を書くことができなくなったからでした。つまり強制終了だったというわけ。自分の意志で、どうしても「おしまい」を決められない人は、体のSOSに耳を傾けてみるのもいいかもしれません。

引田ターセンさん
かおりさん

「ギャラリーフェブ」、パン屋「ダンディゾン」オーナー。夫のターセンさんは大手IT企業を経て、ソフトウエア会社の立ち上げに加わり、52歳で退職。妻のかおりさんは航空会社で働いたのち結婚。ふたりで立ち上げた2つの店は20周年を迎えた。

タオルでバスルームを拭き上げる

自分にとって気持ちよければ、習慣は定着する。
ものごとがうまく転がり始める仕組みはシンプル。
必要なのは「できる」と「できない」の線引きをすること

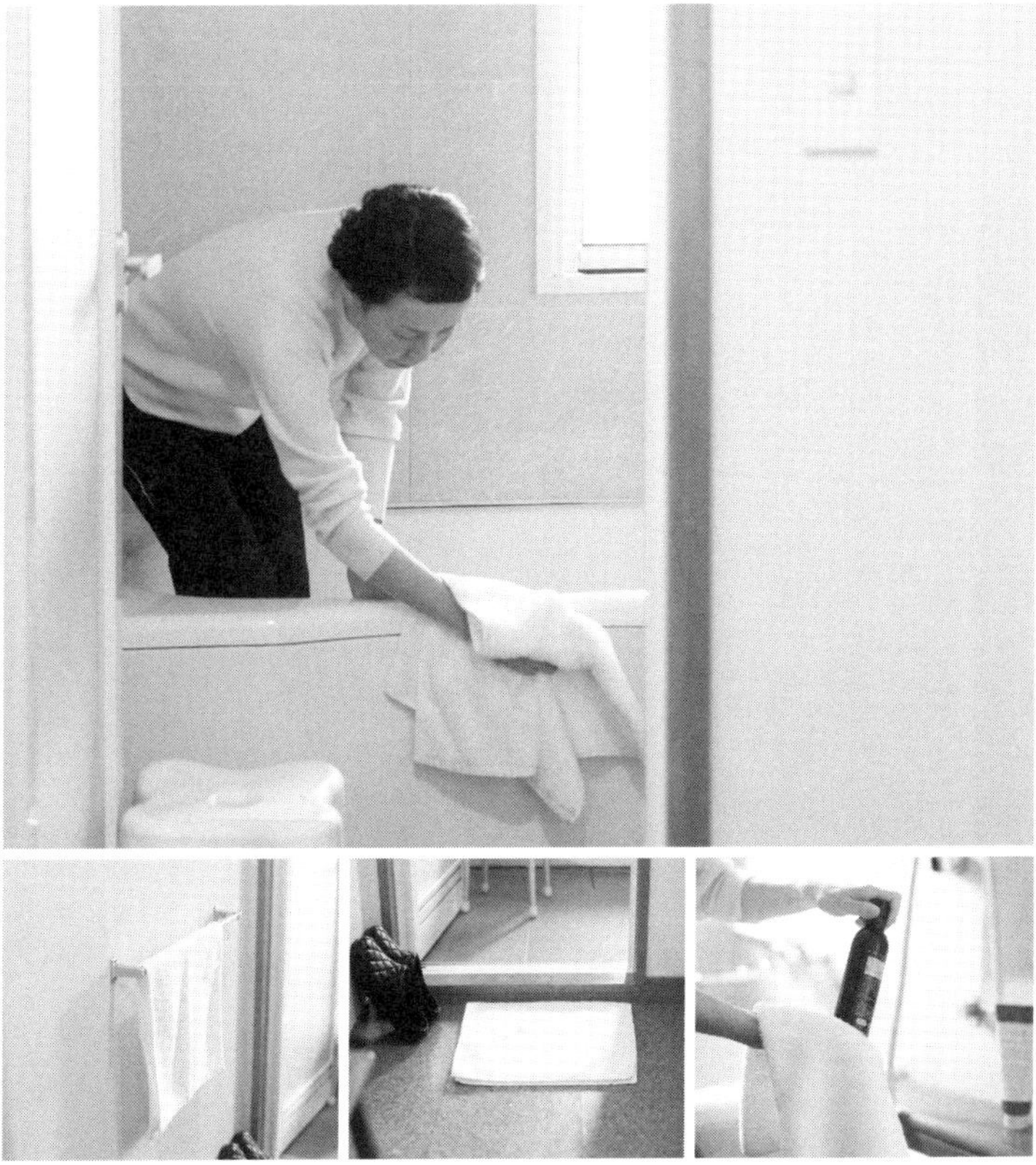

会社員時代、仕事一筋だったターセンさん。アメリカに転勤になって生活がガラリと変わったそう。「夕方5時になったらみんな帰る！　世界の当たり前の常識を初めて知りました」。自宅で使っているのは「パーク ハイアット 東京」のフェイスタオル。バスタブや壁、床はもちろんシャンプーなどのボトルもタオルで拭いて、持って出て、バスルームには何も置かないそう。

ルーティンをつくるのは、考えずに続くことを見つける、ということ

実は引田夫妻のご自宅は、わが家から歩いて5分ほどの場所にあります。なので、おいしいお菓子が手に入ったらお裾分けに持っていったりと、ちょくちょくお邪魔しています。驚くのはいつ行っても、部屋の隅々までスッキリきれいなこと！　それを支える習慣を知りたい、と取材をお願いしたのでした。わかってきたのは、引田家には「きれい」を保つ仕組みがきちんと確立されている、ということ。

私は、大手ＩＴ企業で働いてきたという夫のターセンさんに、ビジネスの話を聞くのが大好きです。会議は30分で終えること、誰がいつまでに何をするか、その場でリストを作ることなど、ビジネスの場で培った基礎力は計り知れないそう。「相手と同じ視点で考え、相手の発想を超えたとき、ものが売れるんです」という言葉に、ビジネスの基本とは「相手を思いやること」と教えていただきました。

かおりさんは、自分にとって気持ちがいいことを探す名人です。それは、「続かない

ことは無理して続けない」ということ。自分が続けられることだけの組み合わせが、引田家の「きれい」をキープするルーティンになっていました。たとえば、お風呂では、バスタオルを使わず大きめのフェイスタオル1種類に。「清潔に保つのが難しい」というバスマットも使わず、各自が風呂上がりに体を拭いたあとのタオルをたたんで敷いて、足拭きに使います。そして、最後に入った人が、タオルで浴槽や壁、床など水滴が1滴も残らないように拭き上げるのだとか。「カビやヌメヌメを防ぐにはどうしたらいい？　と試行錯誤した結果、たどり着いたのが、タオルで拭く、というシンプルな方法だったんです」とかおりさん。

自分が売りたいものが、相手の「必要」にカチリとはまったときに、ビジネスが成り立ちます。無理をせず気持ちよくなる方法を見つければ、掃除のルーティンは定着します。ものごとがうまく転がり始める仕組みはいたってシンプル。

ルーティンとは「考えずに続けられること」です。続けられないことは、「私には合っていない」というサイン。それを正直に認めることが、スッキリと気持ちよく暮らすいちばん有効な方法なのかもしれません。

石村由起子さん

「くるみの木」店主。1983年、奈良県奈良市でカフェと雑貨の店「くるみの木」を始める。奈良市の複合施設「鹿の舟」や滋賀県の商業文化施設「湖《うみ》のスコーレ」をプロデュース。2021年、三重県に「くるみの木 暮らしの参考室」がオープン。

ふきんをたたむ

ピシッとたたんで角を合わせて。
「今、目の前にあること」を一生懸命やれば
それは、きっと自分の力になる

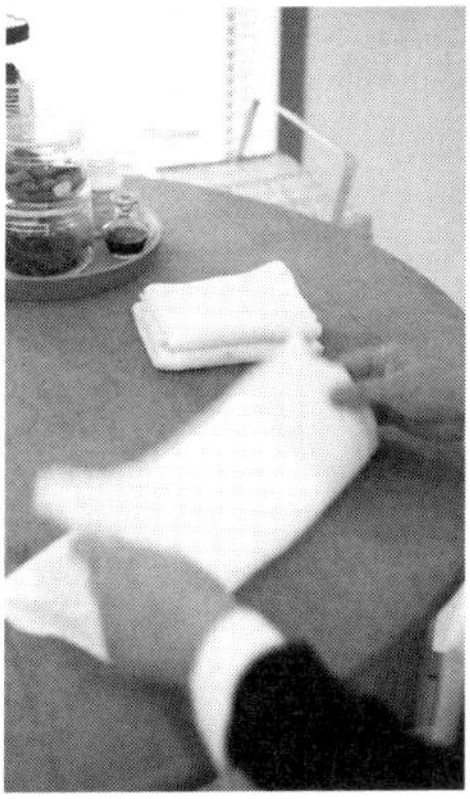

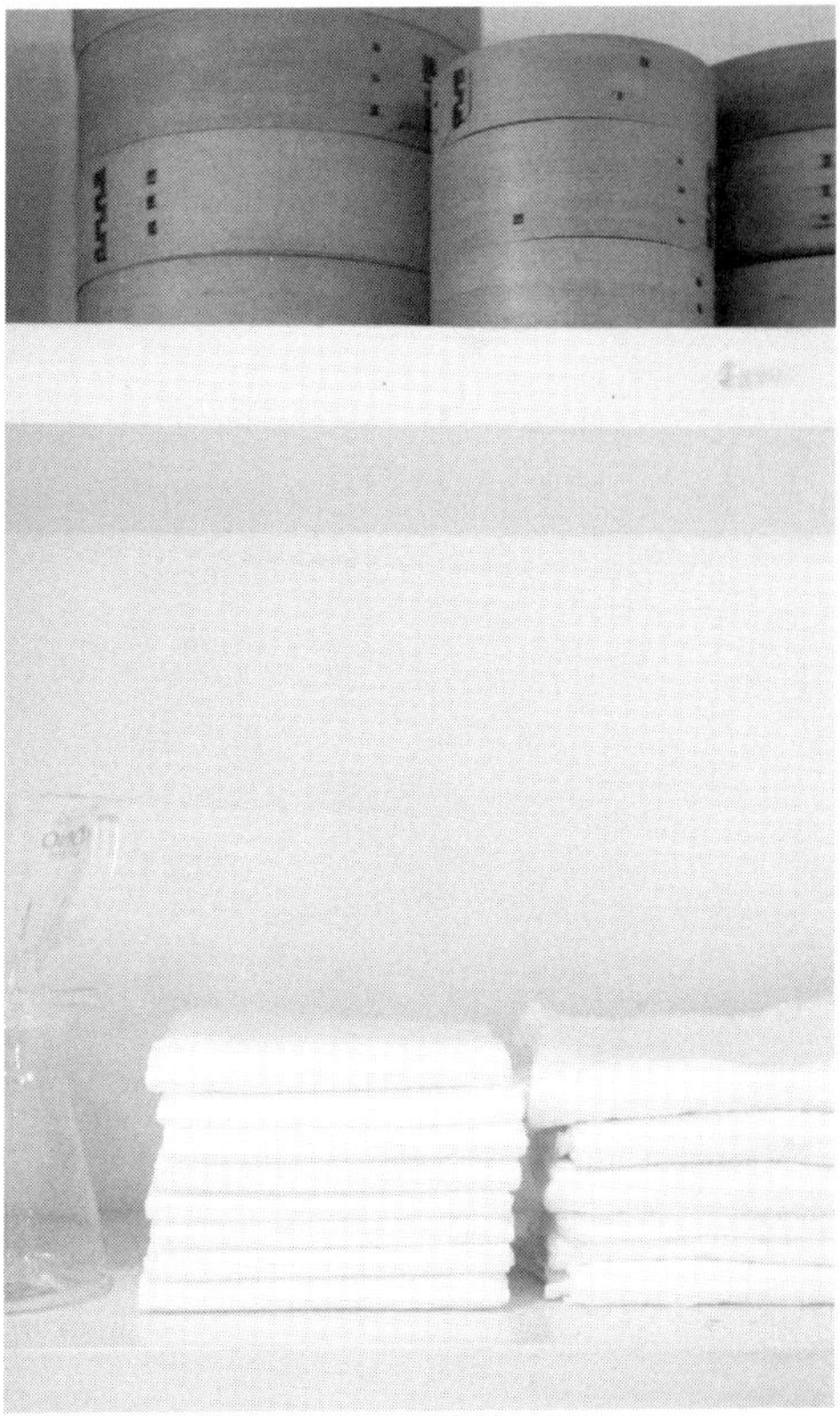

仕事に出かける前の朝のルーティンが決まっているという石村さん。朝は5時半に起きて半身浴を。それから、寝る前に洗って干しておいたふきんを1枚ずつたたみます。角を揃えてピシッと重ねた佇まいを目にすると、心が引き締まるそう。夜に作っておくという常備菜用の容器も、ふたと本体を分けて、ピシッと美しく積み重ねられていました。

「今に惜しみなく自分を使う」という習慣のつくり方

2013年のこの取材では、淡路島で当時石村由起子さんが担当されていた講座の講義風景を撮影させていただいてから奈良へ。1泊して翌日ご自宅の撮影をさせていただくというスケジュールでした。今はもうクローズしてしまった「秋篠の森」のホテルに泊めていただく予定で、到着したのは深夜近く。あたりは真っ暗でしたが、ホテルにだけ煌々《こうこう》と明かりが灯《とも》り、部屋はストーブで暖められ、ふかふかの布団には湯たんぽが入っていました。枕もとには水の入ったピッチャーが。これこそが、石村さんのおもてなし。いつも、「今に、惜しみなく自分を使うのよ」と語ってくれたなあ。

「会社勤めをしていた頃、コピーばかりをさせられてつまらないなと思ったけれど、どうせやるなら気持ちよく、と心を入れ替えました。するとみんなに喜ばれ、どんどん仕事を頼まれて、どんどん上手になる。どんな仕事でも『今、目の前にあること』を一生懸命やっていれば、それは自分の力になるんです」と教えてくれました。私は、ちょっといやなことがあったとき、石村さんのこの言葉をいつも思い出します。

取材時、石村さんはちょうど還暦を迎えたばかりでした。「60歳になってやっと〝与える〟ことができるようになったかな。『おこがましい』と逃げていたことも、『私にできることなら』と言えるようになりました。年齢のおかげで、勇気がもて、優しくなれたと思います」。今、自分がその年齢に近づいて、この言葉をかみしめています。自分がもっているものを、誰かに手渡すことは「なんだかエラそう？」と考えがちですが、その人のことを思う気持ちがあふれ出れば、自然に「与える」ことができそう。

そんな石村さんの元気の源はワクワクすること。忙しく飛びまわりながらも、ご自宅の冷蔵庫には、だしやスープ、小分けにした野菜などがきちっと保存されていました。毎日寝る前に洗って干しておくという真っ白なふきんは、きちんと角を合わせて重ねられています。「外に出かけることも楽しいけれど、家の中で、いかに時間を上手に使えるかと、工夫を凝らすこともワクワクするの」と教えてくれました。

一見華やかに見える石村さんが教えてくれたのは、ワクワクは、自宅のキッチンで自分でつくり出すもの、という小さな事実でした。

西胤真澄さん

主婦。短大卒業後、幼稚園に勤務。結婚を機に専業主婦に。子どもが小学生になる頃、保育園で働き始める。現在子どもたちが独立し、夫婦ふたり暮らしに。自分のペースで、子育て支援センターで保育士として働いている。

30分だけ掃除をする

30分で家じゅうの掃除をすます。
「ざっと」でも「毎日続ける」ことで、
暮らしに掃除と片づけが根づく

25歳で結婚してから専業主婦として家庭を守ってきた西胤《にしつぐ》さん。息子ふたりの子育ても、毎日のご飯づくりも、家計のやりくりも、楽しかったそうです。「私ね、常に『今が楽しい』って思う性格なんです」と語ります。子どもたちが独立した今は、自分のための時間をつくりたいそう。家族のかたちや、やりたいことは変化しても、毎朝の30分掃除はずっと変わりません。

30分でできることだけでいい。自分に負担をかけないことがコツ

ここ数年のなかで、私に起きた3大事件のひとつが、掃除ができるようになった、ということです。大ざっぱ人間で、掃除がキライ。かつては、水まわりだけはなんとかきれいにしても、床にフワフワとホコリが舞っていようが、まったく気にならない人でした。そんなとき出会ったのが、西胤真澄さんの「30分掃除」です。この掃除法のポイントは2つ。ひとつは掃除は毎日する、ということ。もうひとつは、30分以上はしない、ということ。「家じゅうを雑巾です～っとなでるように掃除をするだけなんです。30分でできることだけでいい。それなら続けられそうでしょう?」と西胤さん。

私もさっそく真似をしてみました。ところが……。玄関、部屋、風呂、トイレまでの掃除を30分ですませるというのは、なかなか難しい! 初日は、今まで掃除をしていなかったので、あっちこっちにホコリがたまっていて、居間を掃除するだけで30分かかってしまいました。「これはいかん!」と、まずは掃除がしやすい環境を整えるこ

とに。机の上に積みっぱなしだった本を片づけ、出しっぱなしだったあれこれをかごにまとめたり、引き出しに入れたり。この準備段階だけで、1か月ぐらいかかったかなあ。でも、その間に、居間とキッチン、次は洗面所にトイレと、30分でできる場所が少しずつ広がっていきました。さらに、毎日するので、続ければ続けるほど一日の掃除がぐんとラクになってくるのです。今日拭き残した場所は、明日拭けばいい、ということです。「はは〜ん、これが毎日する、という理由なんだなあ」とわかってきました。こうして、見事に30分掃除が暮らしに定着しました。

取材の際、西胤さんのこんなお話に涙しました。「父が亡くなった日、いつものように雑巾で玄関を拭いている自分がいました。ああ、私にとって30分掃除は、心を穏やかにする習慣として育ったんだなあと思いましたね」

考えなくても、体が自然に動き、無意識に続けられることが習慣。だからこそ、その習慣は、その人の暮らし方、生き方を変える力をもっている……。たかが30分の掃除だけれど、毎日たんたんと続けることは、知らずしらずのうちに、自分の軸となって、うれしい日も、悲しい日も支えてくれることを知りました。

田中ナオミさん

一級建築士。大阪人の父とイギリス人の母の間に生まれる。建築設計事務所勤務を経て、1999年「田中ナオミアトリエ一級建築士事務所」を設立。どう暮らしたいか、どう生きたいかを一緒に考える住宅設計が大勢の人の支持を得ている。

カラッと乾かす

几帳面《きちょうめん》でなく、こまめでなくても
水分さえ拭き取っておけば
わが家はいつもこざっぱり

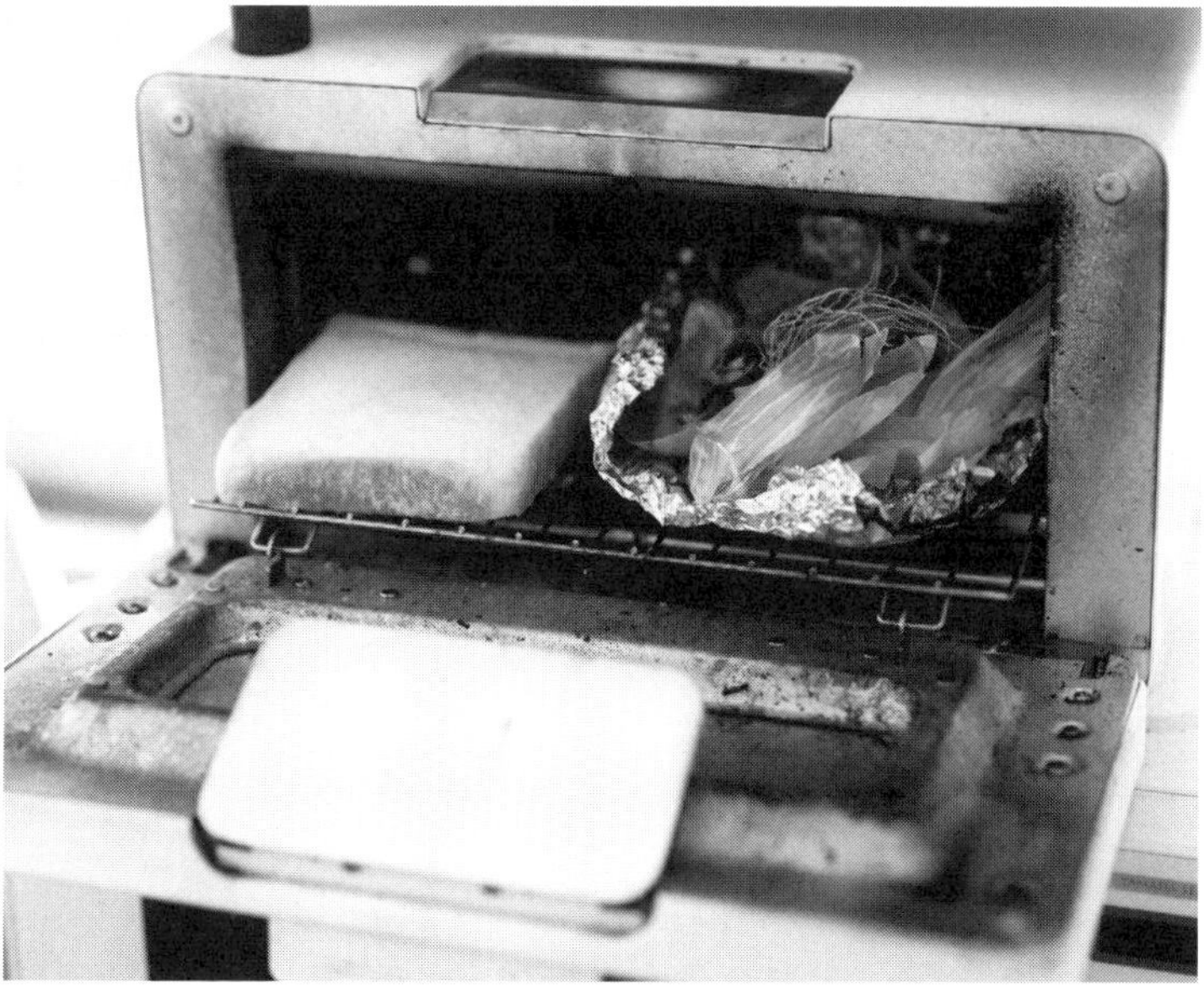

田中さんの自宅は、建築事務所から独立して作った第一号の住宅。光と風がめぐる自邸は長い廊下で事務所スペースとつながっています。一日の終わりには家じゅうの水分を1滴も残さず拭き取るのが習慣。生ゴミからも水分をシャットアウト。野菜くずはアルミホイルにのせて、朝食のパンと一緒に焼いて水分を取り除きます。ゴミになる前に処分するのがコツ。

「こんな私にできること」「これさえやれば大丈夫」を見つけよう！

やる気がある日は、隅々まで掃除をするけれど、仕事が立て込めば、たちまち余裕がなくなって、ハッと気づけばガス台はギトギト、排水口はヌメヌメ……。私って本当に三日坊主で大ざっぱなんだよなあ～と、自分がイヤになります。若い頃は、そんな自分をなんとか変えようとジタバタしたけれど、歳をとって「自分を変えるのは無理」と諦めるようになりました。雑誌やSNSで美しく整ったお宅の様子を見ると、「私も！」と張り切ってしまうけれど、「ずっと」その状態をキープするなんてとても無理。気持ちよく暮らすための、何よりの近道は「そんな私でもできること」を見つけることなんだよなあと、やっとこの頃理解できるようになった気がしています。

窓から光が降り注ぎ、木のぬくもりいっぱいの田中ナオミさん宅。対面式のキッチンの気持ちよさそうなこと！「私は片づけは得意なんですが、実は掃除が苦手なんです」と聞いて、仲間を見つけたようでちょっとうれしくなってしまいました。でも、私と違うのは、「これさえやれば大丈夫！」という決まりごとをきちんと確立していらっしゃったこと。それが一日の終わりに、家じゅうの水分を1滴も残さないように拭き取ることでした。キッチンは、シンクから排水口のゴミ受けまでを拭き上げ、お風呂では洗面器や水栓金具もタオルで拭いて。「カラッと乾かしてさえおけば、カビや水あか、ぬめりを防ぐことができるんです」と田中さん。

建築士の資格を取り建築事務所に勤務。夜遅くまで働く日々だったそうです。「独立したときは、風が通って、緑が見える場所で、朝も昼も夜もご飯をちゃんと食べて、自分が本当に楽しい状態で人の暮らしをつくろうと決めました」。そんなお話を聞いて、働く女性としてのお手本を見せていただいた気がしました。

そんな田中さんのもうひとつの習慣が、毎朝7キロ走ること。水を3リットル飲み、汗を流し、シャワーを浴びてスッキリ！「毛穴からきれいになるから、メイクなんて必要ないの」ときっぱり言い切る姿のカッコよかったこと！　水分を徹底的に排除する。走って水を飲んで汗を出す。田中さんの日々はいたって単純明快。「本当に必要なこと」にまっすぐアクセスすれば、人生は曇りなくクリアになると知りました。

黄瀬徳彦さん
唐津裕美さん

黄瀬さんは木工の専門学校で家具作りを学び、唐津さんはテキスタイルデザインを学ぶ。1997年ふたりで、家具店「TRUCKfurniture」をオープン。2009年に大阪市旭区に移転、ふたりの世界観を詰め込んだ新店舗をオープン。

インスタントコーヒーを飲む

家具は使えば古くなる。
お湯を沸かせば、ほっとひと息入れられる。
ありのままを受け入れれば、次のヒントが見つかる

黄瀬さんと唐津さんが作るのは、すべて「自分たちが欲しいと思う家具」。そこにある空気感も大切にしたいからと卸はせず、「ここで作って、ここで売る」スタイルをずっと続けています。ふたりが好きなのは、古いもの、植物、犬や猫、庭にやってくる小鳥たち。取材時のキッチンは、現在の家の前に住んでいた、自分たちで改装した古いビルでした。

とことん粘り、とことん慈しむ。絶対に諦めなかったら扉が開く

まだ30代だった頃、1冊のカタログに出会いました。家具紹介が目的なのに、そこには店主夫婦とラブラドールレトリバーの何げない日常があり、1ページ1ページがまるで映画のワンシーンのようでした。それが大阪の家具ショップ「トラックファニチャー」の伝説のカタログ。古いビルを改装し、家具を持ち込み、写真を撮って、すべて自分たちで作った1冊でした。私はその世界観に憧れ続け、この「暮らしのおへそ」の取材が決まったときにも大喜びしました。

ところが……。「人に言えるような素敵な習慣、もってへんもんな〜」と夫の黄瀬徳彦さん。「そうそう、コーヒーだって、いつもインスタントやもんな〜」と妻の唐津裕美さん。取材は今から15年前。ちょうど「丁寧な暮らし」というキーワードがはやり始めた頃でした。雑誌で見かける素敵な人は豆をひき、コーヒーをいれている……。そんななかで、あえてふたりが習慣として見せてくれたのがインスタントコーヒーだっ

た、というわけです。それは「忙しかったら、張り切らんでもいいやんな〜」という、正直な姿勢そのものだったように思います。みんなが「いい」と言うことが、自分たちにとって「いい」とは限らない。あえて「いい」を疑って、本当のおなかの底の思いとまっすぐつながる。だからこそ、「トラックファニチャー」の家具は、ほかのどんな家具とも違う個性を宿します。ちなみに、子育てのバタバタから解放された今は、店の敷地内にあるカフェ「バード」のオリジナルの豆で、コーヒーをたてているそう。

数年前から、唐津さんのインスタで、老犬のケアをする様子を見守っていました。保護犬や保護猫の世話を続けているなかの1匹です。車椅子を作ったり、夜中にほえ続けるので家族から離れてリビングでひとりと1匹で過ごし、ほとんど寝られなかったり。その愛の深さと粘り強さには頭が下がりました。とにかく諦めない。できることは全部やる。おなかのなかの本当の思い＝「守りたい」「愛《いと》おしい」「カッコいい」「おいしい」と全力でつながる……。バランスをとってうまくやることより、とことん突き進むことで手にする力を教えていただきました。

佐々木由貴子さん

自身の病気を機に、運動生理学、機能解剖学、トレーニング理論や実技などを学んだ後、スポーツジムでトレーナーとして働き独立。中高生に競技力向上の筋力を強化したり、体を整えるためのトレーニングを指導している。

枕を毎日干す

湿気をため込まず、常に空気を循環させて。
清潔感をキープするのは、
心をゼロ地点に戻すため

1年前に新居を建てたばかり。スクラップブックを作り、土地探しから始まり、自分の思い描く住まいを実現するまで全力投球。人生のイベントも、片づけも、自分がしたいことを明確にし、生活に結びつける手段を考えるのが好き。上の写真は、取材時に住んでいたアパート。枕は「ニトリ」の枕用ハンガーで干すそう。バスルームのふたは水けを取るため立てて。

自分にとって大きすぎる夢は見ない。着実であれば、きっと明日いいことがあるはず

「仕事」という名のもと、いろいろなお宅にズカズカ入って行くことができる。これが、暮らしまわりのライターをしている上で、いちばんの醍醐味かもしれません。部屋にお邪魔したときに感じる「肌感覚」のようなものがあります。それが「暮らしが循環しているなあ」という感覚。暮らしの風通しがよくて「滞っていない」気持ちよさです。そんな家の住人はたいていが整理上手。頭や心の整理ができている方が多いよう。佐々木由貴子さんもそのひとりでした。実は佐々木さんに出会ったのは、百貨店で開催したイベントでした。「コム デ ギャルソン」の服をカチッと着こなし、太い黒縁の眼鏡をかけた姿のカッコよかったこと！

打ち合わせにお邪魔したとき、ベランダに枕が干してありました。「天気がよければ毎日干すんです」と聞いてびっくり！　あのおしゃれな姿の裏側には、こんな生活がつながっていたんだと……。そのほかにも、バスルームをのぞくと、水けがきれるよ

うにお風呂のふたがちゃんと立てられていたり、キッチンもダイニングもかごやボックスを組み込んで、あるべきものがあるべき場所に収められていました。

かつては、「もっといろんなことを知りたい」と仕事が休みになると、夜行バスで京都や大阪へ。ゲストハウスに泊まってたくさんの友達ができたそう。「当時は仕事だけ、の毎日だったけれど、仕事ができなくてもいいや、と思えるようになりました。仕事と旅、両方がうまくまわり始めたんです」

結婚を機に、今度は「出かけなくても楽しい」日々に。部屋を整え、夕飯の準備をし、夫と一緒にプシュッとビールを開ければそれだけで幸せ！　佐々木さんの毎日は、とても着実です。できないことにまで手を伸ばさず、自分にとって大きすぎる夢は見ない。それは、体の無理がきかなかった頃、「今、できる力」を培ったからなのかも。仕事でも、暮らしでも、「今」のなかには幸せの種がぎっしり詰まっています。それをキャッチできるよう、「もやもや」を洗い流し、目の前をクリアにしておく。それが、佐々木さんの「ため込まない」という習慣でした。風に当て、カラリと干した枕で眠ると、また明日新しい「いいこと」を拾い上げられそうです。

column
モノから
始まる習慣
②

一晩おけばでき上がり！ ヨーグルトメーカー

50歳を過ぎた頃、更年期障害でホットフラッシュや喉の詰まりなどの症状が出始めました。そんなとき、友人に教えてもらったのが、大豆イソフラボンを使ったサプリメントでした。さっそく買って飲み始めると、症状がぐんと軽くなってびっくり！　ただし、このサプリ、少々お高いのです……。だったら、自分で大豆イソフラボンを摂ったらいいのかもと、牛乳を豆乳に、ヨーグルトを豆乳ヨーグルトに替え、豆料理を取り入れるようになりました。これでサプリメントを飲まなくても、体調をキープできるようになってほっ……。

ところが、いつものスーパーには豆乳ヨーグルトが売っていない！だったら「自分で作ればいいんじゃない？」と思いついたというわけです。こうして見つけたのが「タニカ」のヨーグルトメーカーでした。選んだ理由はガラスの内容器がセットになっていたから。この容器に豆乳とタネ菌を入れて40度で7時間おくと豆乳ヨーグルトが完成。容器ごと冷蔵庫で保存することができます。ガラス製なので、使い終わったら、お湯でジャブジャブ洗うことも可能。清潔にキープできるかどうかも、もの選びの大切な条件です。

3章

ご飯づくりをラクにしたい人へ

タサン志麻さん

家政婦。調理師専門学校を経て、同グループのフランス校を卒業。帰国後、老舗フレンチレストランなどに勤務。結婚を機に、フリーランスの家政婦として活動。現在はイベント、セミナーなどの講師やレシピ考案も手がける。

キッチンをシンプル化する

トングがなくても菜箸があればいい。
料理家より、家政婦でいたい。
何が必要かは、自分で決めるもの

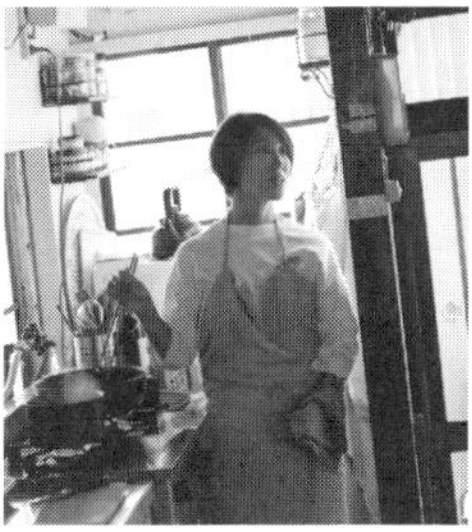
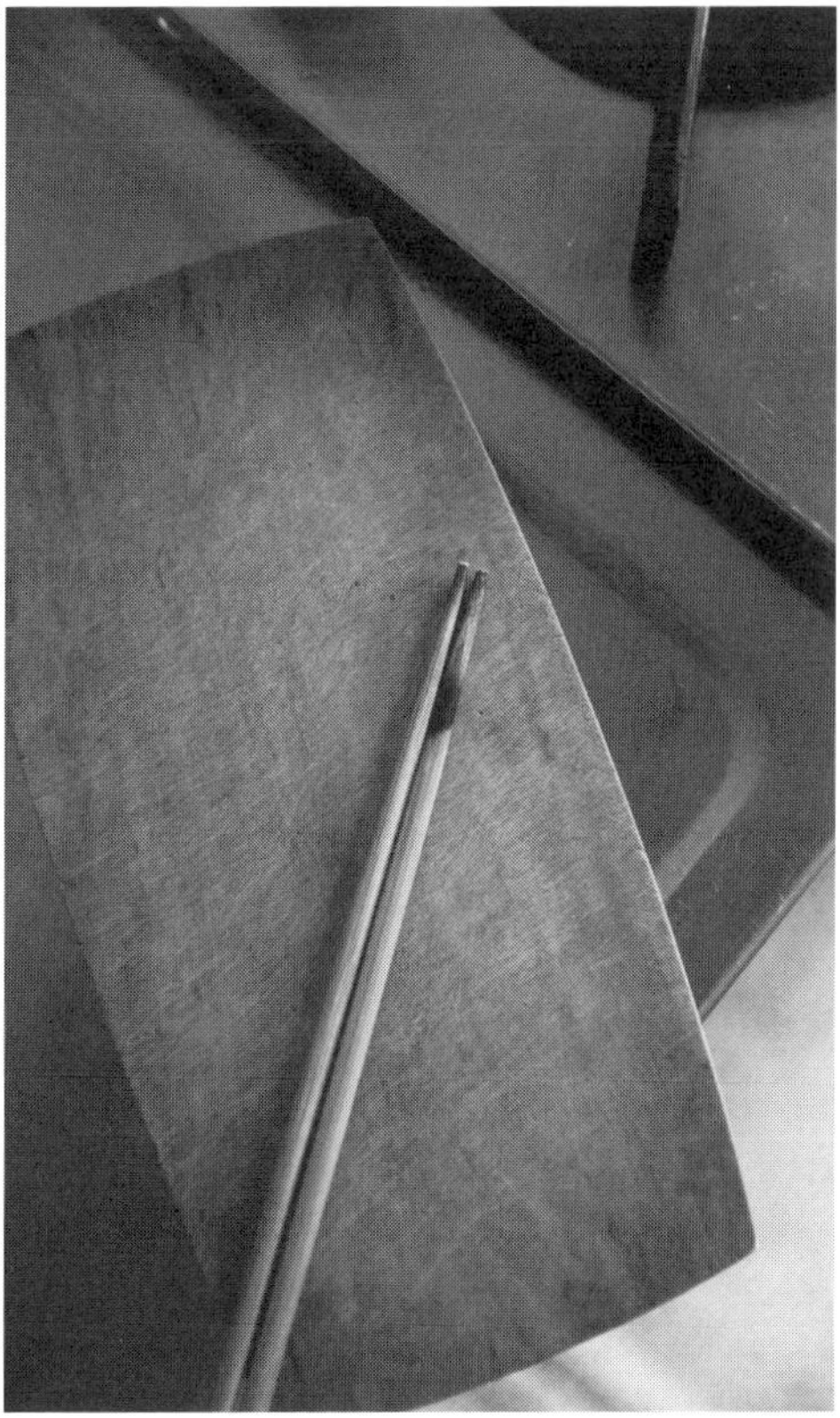

フランス人の夫、３人の子どもと共に暮らす志麻さん。自宅での料理のほとんどを菜箸だけですませ、トングやターナーなどは使いません。野菜を洗ったらざるに入れ、ボウルでふたをして上下に振って。これだけでしっかり水けが取れるそう。水きりかごは置かず、ざるを利用。このシンプルキッチンが、家族のご飯づくりのための使いやすいかたちでした。

心の奥にある「本当の自分」にピントを合わせて

タサン志麻さんの取材にうかがったとき、何が驚いたって、階段の壁にマイケル・ジャクソンの大きなポスターが張ってあったこと。どれほど彼を好きだったかを熱く語ってくれたことでした。亡くなったときには、1年間毎晩泣き尽くしたのだとか。好きなことはとことん追いかける！「フランス料理もそうでした」と話してくれました。

高校卒業後調理師学校へ進み、授業でフランス料理を食べてそのおいしさ、美しさに感動。すぐにフランスへ留学することを決意したそう。帰国後、東京のフランス料理店で働きながら、食べ歩きをしたり、映画を見たり、フランス文学の本を読んだり。家賃と生活費を除いたすべてを勉強のために使っていたのだとか。なのに……。

「何かが違う」と志麻さんは仕事を辞めてしまいます。「田舎から両親が食べに来てくれたんですが、メニューを見てもわからない。私がいいと思っていたのは、フランス映画や小説のなかで、おしゃべりを楽しみながら食べる家庭料理だったんです」

今の志麻さんの肩書は「家政婦」です。「ご飯を作りに行くと、働くお母さんが、『ゆっくり家族で食べられました』と喜んでくれるのがうれしくて。ああ、やっと私は思い描いていた食卓のシーンをつくれるようになったと思いました。家政婦って下働きというイメージがあるけれど、私がやりたかったのはこれだ！　と思ったんです」

そんな志麻さんが、自宅の台所でいちばんよく使う道具はなんと菜箸！「返す、混ぜる、盛る、とすべてをこなせる道具なんです」。ガスコンロは2口だし、鍋は4つだけ。ちっともプロっぽくありません。時間がないなら、道具を減らして片づける手間を減らせばいいし、簡単に作れるシンプルなおかずでいい……。つい、こんな道具じゃなくちゃとか、あの鍋がいい、こっちのトングがいい、と見た目ばかりを気にして、欲張りになっている自分が恥ずかしくなりました。

私たちは、知らずしらずのうちに、見えや肩書や誰かの評価にとらわれて、外側にどんどん硬い殻をかぶってしまうのかも。それをひとつずつはがして、とことん自分に正直に、心の奥底にある「本当の自分」にピントを合わせる……。志麻さんのいたって「普通」のキッチンが、「わが道」の見つけ方を教えてくれました。

按田優子さん

菓子、パンの製造、乾物料理店でのメニュー開発などを経て2011年独立。食品加工専門家として「JICA」のプロジェクトに参加しペルーのアマゾンを訪れる。2012年、写真家の鈴木陽介氏と共に餃子専門店「按田餃子」をオープン。

スプーンの量で作る

小麦粉スプーン3杯で、餃子10個分。
自分が食べきれる量は
意外に少ない

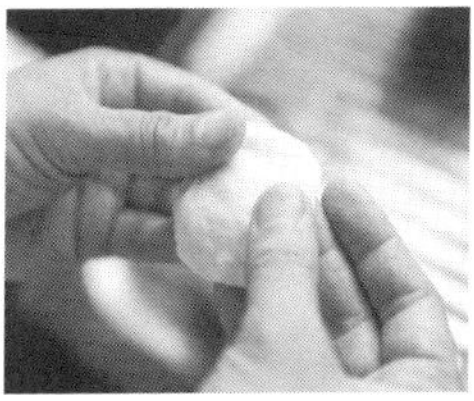

東京・代々木上原、二子玉川に水餃子をメインにした小さな飲食店「按田餃子」があります。お昼時になれば行列ができるほどの人気店。店主の按田優子さんの習慣が「食べきれる量だけを作る」ということ。餃子の皮は、マグカップなどに小麦粉スプーン３杯、水少々を加えてかき混ぜ、一口大にちぎって指で押しながら丸く広げます。豚肉と野菜の餡《あん》を包んでゆでれば完成。

何を所有しているかより森の歩き方を知っているほうがずっとエライ

2018年に按田優子さんのお宅に取材にうかがったとき、その個性爆発のインテリアに度肝を抜かれました。壁はオレンジ、レンジフードはエメラルドグリーン。押し入れを改造したディスプレイ棚には剥製の亀が！「この家の家具は、全部もらいものなんです」と按田さん。自分では到底選ばないものを他人が持ってきてくれることを「そうきたか！」とおもしろがる。それは按田さんの生き方そのもののようでした。

私はといえば……。夫が買ってきた小さな家具さえ気に入らず、全部自分で選びたい派。違和感があるものが部屋にあると落ち着きません。だからこそ、按田さんとはいったいどういう人なのか知りたくてたまらなくなりました。

東日本大震災を機に、冷蔵庫の電源を抜くことにしたそう。冷蔵庫に入れなくても長持ちする半調理法やそれを食べつなぐ方法を工夫しました。そのなかのひとつ、豚バラ肉をゆでて焼きつける「チャチャロン」という南米の家庭料理を教えてもらいました。豚バラ肉をやわらかくなるまで1時間ほどゆでたら、豚から出る脂で揚げ焼きにしてカリカリに仕上げたもの。これをそのまま食べたり、豆と一緒に煮込んだりと、食べつなぐことができます。さっそく家で作ってみたら、おいしかったこと！

「年収200万円で暮らせる方法を探そうと思ったんです。自分の生活水準をどうやって下げられるかを楽しみながら探そうと思って」と按田さん。

2012年に国際協力事業に参加しペルーへ。「向こうでは、こんなブランドの服を持っているとかは全然意味がない。それよりも森の歩き方を知っているほうがよっぽどエライ。生きるために必要な能力があるほうが大事だと思うようになりました。だから物欲がまったくなくなっちゃったんです」

そんな按田さんの習慣が「作ったものを食べきる」ということ。それは「食べきれる量だけ作る」ということでもあります。小麦粉をスプーン3杯で餃子10個分。私は按田さんのように、インテリアのこだわりや物欲を手放すことはなかなかできないけれど、いつも食べる量を見直すことからなら真似できるかも。そうすれば、もう少し自由に生きられるのかなあとちょっと楽しみにしています。

前原なぎささん

文化服装学院を卒業後、ＣＭや映画のキャスティングの仕事を。その後結婚して専業主婦に。夫、娘の３人家族。完璧な収納や家事、センスのあるインテリアなどで、雑誌にもたびたび取り上げられ、大きな反響を呼んだ。

作りたくなかったら、夕食はカップラーメンにする

やりたくなかったら、やらなくていい。
さぼりたい自分を許してあげる。
スイッチを切り替えたら、
心をこめて家事ができるようになった

センスのいいインテリア、何がどこにあるかが明確な収納、隅々まで清潔感あふれる室内。前原さんは、自分らしく暮らしを整える達人です。でも、時には忙しくて時間がなかったり、疲れたり。そんな日の夕飯はカップラーメン！　ラクして体と心をゆっくり休めたあと、あらためて炊きたてのご飯や手作りのみそ汁が「おいしい」と感じられるようになるそう。

未来の心配をせず、過去の後悔にクヨクヨせず「今」に意識を置く毎日を

人にとっての100点が、自分の100点ではない。そのことに気づくまで、ずいぶん時間がかかりました。素敵な暮らしをしている人を見たら、うらやましくて、すぐに真似をしたくなります。でも、「素敵」をキープするには、日々のコツコツとした積み重ねが必要で、その「続ける」ということがなかなかできなくて、「どうして私って、ダメなんだろう?」と落ち込んだもの。何度も失敗を積み重ねて、ようやく「私は私ができることしか続けられない」と気づき、「できること」を組み合わせることが、暮らしをつくる、ということなんだとわかってきました。

前原なぎささんが教えてくれた、忘れられない言葉があります。「掃除をするときには、掃除をするぞ、と思ってする。野菜を切るときには、野菜を切るぞって切る。それが大事なんです」。当たり前のように聞こえるけれど、よくよく振り返ってみると、私たちは掃除をしながら、午後に出かける予定のことを考え、野菜を切りながら、今

日失敗したことをクヨクヨ考えているもの。過去でもなく、未来でもなく「現在」に意識を置くって、なんて難しいんでしょう！

どんなに急いでも、まな板の前では野菜を切ることしかできません。だったら、あれこれ未来に思いをはせないで、ちゃんと野菜に向き合ってみよう……。そう切り替えると、やることがてんこ盛りでも、す〜っと心が落ち着くことを知りました。

さぼる、休む、ということは、「自分にとって、それがいい」と判断できないと、なかなか勇気をもって実行できません。世の中的には、決して褒められたことじゃないけれど、でも、私にとっては必要。そうジャッジすれば、テレビを見ながら寝落ちしたっていいし、今日は夕飯を作らない、と決めたっていい。しっかり眠って、ゆっくり好きな時間を過ごしたら、自然に心が元気になって、野菜を切ることや、掃除をすることに、気持ちよく向き合えるかもしれません。

私は、私らしく暮らせばいい。そう決めたとたんに、一日が自分のものになります。そして、あ〜あ、とため息をつきたくなったら、「これを選んだのはぜ〜んぶ私」と、もう一度前を向くことができるように思います。

名前がついた料理を作るのをやめる

家での料理は、おいしすぎちゃダメ。
70点の普通においしい料理こそ
飽きずに食べ続けられるもの

瀬尾幸子さん

料理家。手早く作れて食べ飽きない家庭料理を提案。幼い頃から料理好き。料理家のアシスタントを経て独立。広告、雑誌、料理本などのジャンルで活躍。自身の失敗を考えるチャンスに変え、会得した料理のコツが多くのファンに支持されている。

ユーチューブ「ラクうま瀬尾食堂」で「見るだけで作れるレシピ」を配信している瀬尾さん。「筑前煮」という名前がついた料理でなく「たけのことにんじん、鶏肉の煮物」なら入れる素材が少なくてすみます。３つの素材に水を加え、砂糖大さじ３、しょうゆ大さじ１で煮るだけで、素材の味がしっかりする煮物に。炒め物は、調味料を入れる前に４分間しっかり炒めます。

「もっとおいしく」ではなく
「普通においしい」を支える基礎体力を

料理を作る楽しみは、「お〜、うま！」と褒めてもらうことだとずっと思っていました。できれば「へ〜！」と驚いてほしいし、「こんな料理もできるんだ！」とちょっと尊敬もしてほしい。せっかく手間と時間をかけるのだから、それ相応の「見返り」が欲しくなります。でも、そうやって張り切れば張り切るほど、日々のご飯づくりがしんどくなる……。

ちょうどそんなときに取材をお願いした瀬尾幸子《ゆきこ》さんの言葉に衝撃を受けました。「おうちのご飯は、おいしすぎちゃダメなんです。70点前後の『普通においしい』でいいんです」。えっ？ 料理家さんがこんなこと言っちゃっていいの？ 100点を目指さなくていいってどういうこと？

「おうちのご飯って、1か月に一度食べに行くような、レストランのディナーみたいに作っちゃいけなくて、3日たったら忘れちゃうものがいいんです。家に帰ってきて、休まる方法は3つだけ。寝る。お風呂に入る。そしてささいなものをおいしく食べる。ささいなものって大事なんです」と瀬尾さん。なるほど〜！

その上で「70点の料理」を作るための習慣を教えていただきました。そのひとつひとつは、本当に理にかなっていて、私はこの取材のあと、ずっと瀬尾さんの教えを守り続けています。まずは野菜を炒めるのは4分間。「きちんとタイマーをかけて炒めてみて」と聞いてやってみると、4分間って意外と長いことにびっくり！「たいていよく炒めるといっても、みんな2分ぐらいなんです。ここで調味料を入れると水分が出ておいしくないんですよね」。さらには、キャベツは電子レンジで8分間加熱。旨みが流れ出ないのでおいしくなります。「かに玉は、ねぎ玉でいいじゃない」という提案も目からウロコでした。「みんなが食べたいのは、ふわふわたまごと甘酢味でしょう？」と聞いて、「そのとおり！」と拍手したくなりました。

「70点でいい」といっても、そこには必要なことをきちんと整える、というプロセスがありました。「もっとおいしく」でなく、「おいしい」を支える基礎を知る。日々のご飯づくりはささいなことの繰り返し……と教えていただきました。

林 のり子さん

大学で建築を学んだのち、オランダ、パリの建築事務所に勤務。帰国後、1973年に東京・田園調布に洋風惣菜の店「パテ屋」を開く。世界の食の仕組みを探る「〈食〉研究工房」を設立し、味の仕組み、自然環境を調査している。

野菜の水きりはキッチンクロスで

どこかの誰かの方法より
失敗して工夫した
自分のやり方のほうがずっと確か

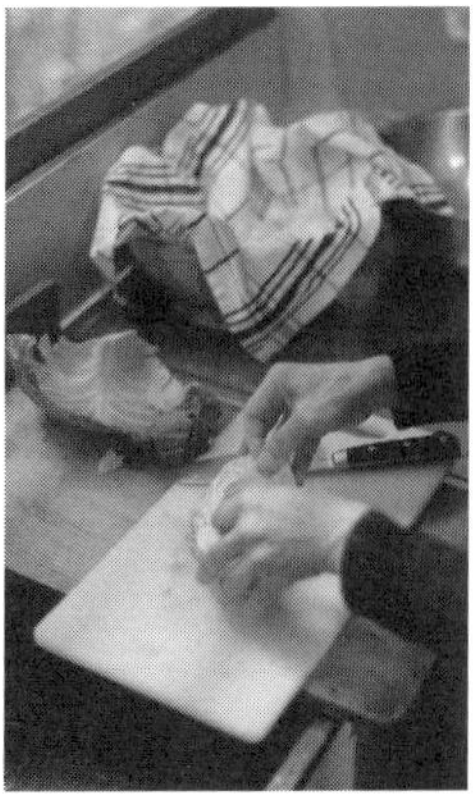

林家は祖父が外国を行き来したり、祖母がホテルの料理長に習って、自宅でタンシチューなどの洋食を作ったりと、とてもハイカラなお宅だったよう。だからこそ、林さんも昭和40年代にレバーペーストと出会ったというわけ。野菜の水きりは、水で洗ってから食べやすい大きさにカットしてキッチンクロスで包み、庭に出て上から下へと振り下ろします。

「仕組み」を見つければ、世界はパノラミックに広がっていく

林のり子さんが洋風惣菜の店「パテ屋」をオープンしたのは、1973年のことです。雑誌でそのことを知った私は、上京したばかりの20代の頃、さっそく行ってみました。でも、お屋敷の一角にあるお店は、庭からアプローチを抜けて入っていかなければならず、ドキドキして、結局足を踏み込めずに、そっとのぞいただけで帰ってきたことを覚えています。その後、やっと友達と買い物することができて、レバーペーストやポークリエットを買って帰ったときのうれしかったこと！

「パテ屋」を始めたきっかけは、アメリカ人の知人宅でお手製のレバーペーストをいただいたことだったのだとか。「工場で作るものと思い込んでいたのに、自宅で作れることに驚きました。さっそく家で作り始め、友人たちが喜んでくれて、いつの間にかお店になっていたんです」。そんなお店も今年で50周年なのだといいます。

林さんが、「パテ屋」の庭先で、キャベツのざく切りを包んだキッチンクロスを振り

回していました。母から教えてもらった野菜の水きりの方法だそう。サラダスピナーなど、専用の便利な道具もありますが、クロスが1枚あればしっかり水けがきれるのがいいところ。水がきれたら、塩を振ります。「全体量の2％の塩を振ると、そのままつまむのにちょうどいい塩加減なんです」。2％という数字さえ覚えておけば、どんな野菜もおいしくいただくことができます。

実は、林さんが興味をもっているのが「仕組み」をひもとくこと。フランスのグランマがパテを作るのと、日本のおばあちゃんがたくあんを漬けるのは同じ。だったら各国の保存食を調べてみよう、といった具合です。「保存食」というキーワードで世界がつながるのがおもしろい！　取材時に興味をもたれていたテーマは「暦」でした。「子どもに満月がお小遣いの日、といえば、毎晩夜空を見上げて、月の満ち欠けを見守るようになります。日常と宇宙がつながるんですよね」。私は、林さんがしてくださったこの話が大好きです。まったく関係ないものをつなげることで、世界が広がっていく……。毎日を同じ切り口で見ることから、少し視野を広くして……。林さんが教えてくれたのは、パノラミックな視点をもつという習慣でした。

佐藤友子さん

兄と共にネットショップ「北欧、暮らしの道具店」を運営する会社「クラシコム」を立ち上げる。商品セレクト、ウェブページの読み物や動画の監修、新規プロジェクトなど運営全般を担うほか、オリジナル商品の開発も行う。夫と息子の3人家族。

水曜日は「ちょっと高級」な冷凍食品で

手抜き用のおかずや
前倒ししてつくった時間で
「得した気分」を

夫の出張に便乗して北欧の旅へ。スウェーデン人のお宅に招かれたとき、食卓や玄関、トイレにまでキャンドルが灯っていたそう。「同じ時代に生きていて、暮らし方がこんなに違うんだ！」と衝撃を受けたのが、「北欧、暮らしの道具店」立ち上げのきっかけに。水曜日の夕飯のために買っておくという冷凍うどんは、うどんとつゆがセットになったもの。

80点の自分を認めれば
ダメな日のための準備ができる

ずっと80点より100点のほうがいいでしょ！　と信じてきました。80点で満足しちゃダメでしょ！　100点が取れないなら、努力して取れるようにならなくちゃ！って……。でも、実際に足もとを見てみると、まだ50点だったり、60点だったり。理想と現実の線引きができなくて、「やればできる」と自分を過大評価してしまいがち。その結果、いつも100点に達しきれない自分がいて、いつまでたっても自信がもてない、という悪循環に陥っていたように思います。

佐藤友子さんは、自分を一歩引いた目で見る「メタ認知」ができる人だなあと、いつ会っても思います。行きたい場所はあそこ、と目標を設定し、でも今自分がいる場所はここ、と現在地を確認する。そんな2つの目を同時にもてる人だなあと。兄と一緒に会社を立ち上げ、ECサイト「北欧、暮らしの道具店」を運営。オンラインショップには、洋服から器、掃除道具まで、素敵なものがずらりと並んでいます。

「『選んでいる私たちの審美眼をわかってほしい』という欲はまったくないんです。それよりも『誰もが悩んでいる、という生活のなかの切実さをわかってあげたい』と思っています」。そんな言葉に感動しました。誰もが毎日絶好調なわけではない。家事や育児にいっぱいいっぱいで、やる気のない日もある。「ダメな日」をちゃんと肯定してあげて、記事を作っているからこそ、お客さまの胸に届くのだなあ。

そんな佐藤さんの習慣が、週半ばで疲れがたまってくる水曜日に「ちょっと高級」な冷凍食品を夕食にすること。週末にまとめ買いをするときに、少し高価な冷凍うどんなどを買っておくそう。「これがある、と思うと心がラクになるんです」。そのほか、週末にカレーを多めに作って、月曜日は忙しくて余裕がないので、作り置きおかずで乗り切るなどなど……。手抜き用のおかずや、前倒しでつくった時間で、「得した気分」を自分にプレゼントするのだとか。ダメな自分を認めれば、その対応策を準備することができます。リスクヘッジの方法を知っていれば、イライラしたり、落ち込んだりせず、ご機嫌をキープできる……。等身大の自分を知ることが、自分にフィットする習慣づくりの第一歩のようでした。

和田ゆみさん

主婦。高校時代からヒップホップダンスを始め、スポーツジムでインストラクターを務める。育児や家事を自分らしく乗り越える方法を発信。現在は、子育て、仕事に奮闘中のお母さんに応援メッセージを届ける「カトｃｈａｎのおかん塾」を主宰。

夕方5時には、ハッピーアワーを過ごす

集中力がなくなる夕方に、仕事や家事をいったん停止。
常に「最高」を目指さなくても
クスクス笑って過ごせればオッケー

家事や育児がうまくいかず、悩んでいた時期、夕方子どもがぐずる時間にご飯を作るのをやめてみたそう。その代わり午前中に途中まで作っておく、ピーマンは切って冷凍しておく、など段取りを考えるように。子どもたちが独立した今も「早寝、早起き、しっかりご飯」が生活の基本なのだとか。そんな「自分のご機嫌のとり方」をまわりの人にも伝えることが今の楽しみです。

ド〜ンと落ち込む日にも、クスクス笑える人に

和田ゆみさんに取材をお願いしたのは、「加トちゃんのおかん塾」というブログを見つけたからでした。夕方近くなると、おかずが一品アップされます。どれも15分ほどでできる簡単料理で、しかもおいしそう！　そしてブログの最後は、必ずこんなひとことで締めくくられます。「今日もクスクス笑ってまいりましょう！」。なぜかこの言葉を読むと、ふっと気持ちが軽くなるのでした。

取材の際、聞いてみたかったのは、「どうして、ニコニコではなく、クスクスなんですか？」ということでした。すると、和田さんがこんな話をしてくれました。「私ね、みんなに聞いてみたいんです。『最高に幸せじゃなくちゃダメ？』『超ハッピーじゃなくちゃダメ？』って。最悪だと思う日や、心配で押しつぶされそうな日だって、クスクス笑えることがある。ＳＮＳにはキラキラ光る〝幸せ〟が並んでいるかもしれないけれど、そこを目指さなくてもいいんじゃない？　当たり前の毎日にもクスクスは結

構いっぱい落ちているよ～って伝えたくて」

私は、小学生の頃「もうちょっと複眼をもてる人になるといいですね」と担任の先生に言われたことがあります。猪突猛進型の性格で、一度にふたつのことができない。「これ」が終わってからでないと「あれ」に心を向けることができません。だから、悪いことが起こるとド～ンと落ち込んで、いつまでたってもグズグズします。落ち込んでいるなかでも、「わあ、こんな楽しいこともあるじゃない！」と笑える人になりたいとずっと思っていました。だから、この和田さんの「クスクス作戦」には大賛成！

「料理や家事は、丁寧だったり、正しい方法より『自分がご機嫌でいられるためには、どうしたらいい？』を基準にするんです」という和田さん。夕方5時になったら缶チューハイをプシュッ！　この「ハッピーアワー」を設定することで、午前中から「ここまで頑張る」というひと区切りに。ひと息ついて夕食の支度に取りかかります。

私がド～ンと落ち込んだ沼から抜け出せなかったのは、「こんなに大変なのを誰かわかって」と思っていたからなのかも。自分のご機嫌は自分でとるもの。そのためのおまじないが、小さなハッピーを味わう「クスクス」という笑いなのかもしれません。

column
モノから始まる習慣③

腸を元気に！黒麹甘酒

知人の紹介で知り合ったのが、発酵料理家の村上友美さんです。「黒麹甘酒を作っているんです」と聞いたとき、まさかこのあと、それが暮らしに欠かせない相棒になるなんて、思ってもいませんでした。飲む点滴といわれる甘酒の成分に加えて、クエン酸と酵素を含んでいるのが、黒麹甘酒の特徴。「一度飲んでみてください」と送っていただき、「歯磨きや洗顔と同じように、一日スプーン１杯という習慣にしてもらえば」と教えていただきました。さっそく試してみると、酸味があってフルーティな味わい。そして、飲んですぐに腸がぐるぐると動き出しました。「えっ、もう？」とその効き目にびっくり！　個人差はあると思いますが、私の場合は、体にとてもフィットしたよう。今は、夜寝る前に飲んで、朝起きればスッキリ快便！　というサイクルができ上がりました。腸の動きが鈍くなり便秘で苦しい思いをしていた90歳の父と80歳の母にもすすめてみたら、最初は「え～、甘酒好きじゃないし……」と渋い顔をしていたのに、試しに飲んでみると、すぐに効果が表れたよう。今では仲よくふたりでスプーンと黒麹甘酒を出してくる姿に、思わずにんまりしてしまいます。

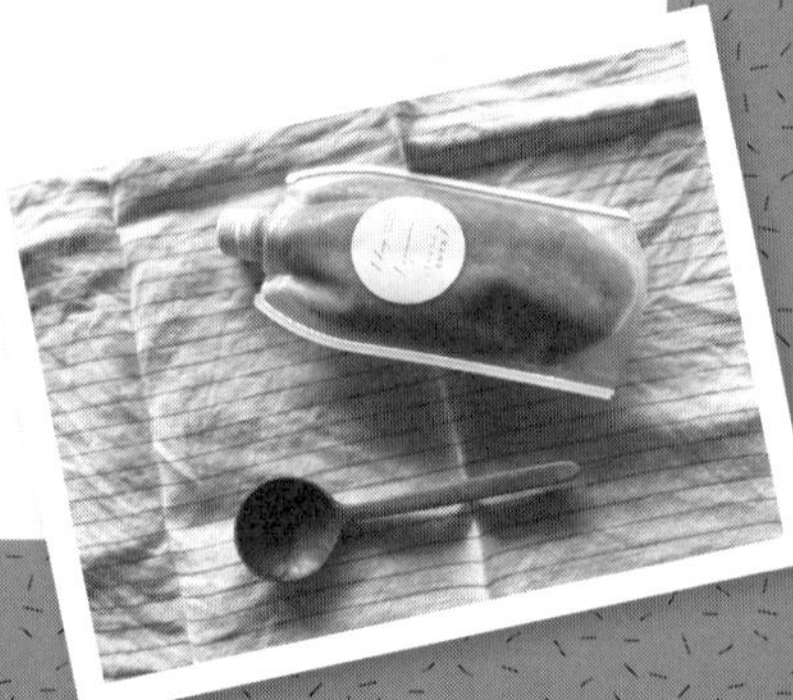

4章

時間の使い方が
上手になりたい人へ

中嶋朋子さん

2歳で「劇団ひまわり」に入り、10歳でテレビドラマ「北の国から」でデビュー。映画、舞台へも活躍の場を広げ、唯一無二の存在感で国内外の監督、演出家からの熱い信頼を得る。ナレーションや朗読、執筆活動でもみずみずしい感性で根強いファンをもつ。

本の言葉を書き留め、清書する

忙しい日々のなかで、
泡のように消えてしまうもの。
それを手にした跡を残しておく

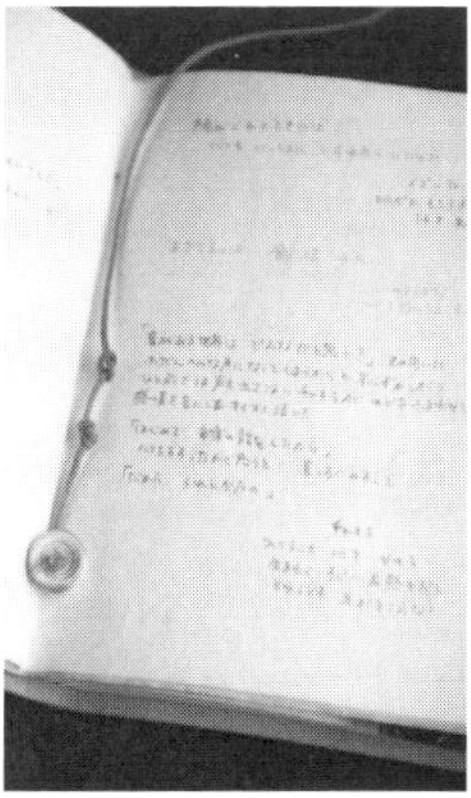

幼い頃、気がつけばテレビドラマ「北の国から」の撮影現場にいたという中嶋さん。「ちょっとしたすき間を自分の時間に変えてくれるのが読書だったんです」。ノートをつけるようになったのは、息子を出産した頃。「日常の雑事に忙殺されていると、感じたことが泡のように消えていくから」。ひとつの発想から枝葉が広がるプロセスを味わう習慣を教えてくれました。

「書き留める」のは、覚えておくためでなく、更新するため

芸能人の方のインタビューというとスタジオで、ということがほとんどです。殺風景な白い空間でその人のことを知ろうと思うと、話してくださる内容と、表情、声のトーンだけが頼り。だから中嶋朋子さんの習慣が本棚のなかにあると聞き、山の別荘へお邪魔できることになったとき、大喜びしました。

カフェでその人の話を1時間聞くよりも、ご自宅にお邪魔して、10分間そこにいるほうが、その人のリアルな姿がわかるものです。特に私は、取材にうかがうと、こっそり本棚をチェックするのを楽しみにしています。そこにどんな本が並んでいるかは、その人の頭のなかをのぞくのと同じだから……。

中嶋さんの本棚は、天井まで届く作り付け。上のほうに並んだ本は、はしごを登って出し入れするそう。ご自宅もこの別荘も、本棚を「今」と「未来」のふたつに分けているのだとか。ひとつには、何度も読み返し、今の自分をつくり上げている本を。も

うひとつには「もう一度読もう」とか「これから読もう」としている本を。

そして「本の言葉を書き出し、清書する」というのが、中嶋さんの習慣でした。まずは2冊のノートを用意します。1冊は、読んでいる途中にハッとした文章や、思ったことを書き留めるノート。これを時々見返して、「この言葉、自分のなかに残っているな」と感じたら、2冊目のノートに清書するのだといいます。実際に見せていただいた2冊のノートには、細かい字でびっしりと言葉が書き留められていました。

少女時代にいちばん衝撃を受けた本が『星の王子さま』だったそうです。「『大切なものは目に見えない』という一文に『え〜、見えないの？』と衝撃を受けました。でも、歳を重ねるにつれ、『ああ、そうか。見えないけれど確かにあるんだよね』とわかってきたんです。そんなふうに言葉って、自分と一緒に旅しているんですよね」

ノートを見返すと、自分で綴《つづ》った手の跡のなかに、当時の思考のプロセスが浮かび上がります。「書き留める」という習慣は、内容を覚えておくためではなく「かつて」と「今」を行き来して、言葉の意味を更新するため。ノートのなかに確かに立ち戻れる場所を確保しておけば、ぽろぽろとこぼれ落ちる時間をすくい上げられそうです。

イイホシユミコさん

器作家、デザイナー。京都嵯峨芸術大学陶芸科卒業後、自身のブランド「ユミコ・イイホシ・ポーセリン」を立ち上げる。東京・代官山にショップをオープン。器は多くのレストラン、カフェ、ホテルなどでも使われている。

決してやめない

迷っても行き詰まっても、
続けていたら、きっと答えは見つかる。
決してやめない。決まりごとはそれだけ

子どもの頃から器が好きで、若い頃から陶芸教室などで器を作り始め、30歳で美大に入学し陶芸を学んだというイイホシさん。ところが作った器を毎日使っているうちに、人の手の跡が重たく感じるように。大量生産でもなく手作りでもない、その中間にあるものが作れたら……。そんなコンセプトから生まれる器は、どんな人の暮らしにもすっと溶け込みます。

不安でも悩んでも、前に進めるのは覚悟を決めているから

半年に2〜3回、イイホシユミコさんと会って、弾丸のように互いのことを語りまくる！　という時間を過ごしています。お茶を飲みながらだったり、ご飯を食べながらだったり。自宅の一角で器を作っていた時代を経て、今では大阪、東京に「ユミコ・イイホシ・ポーセリン」という器のショップを構え、百貨店にも専用の売り場があり……と器作家として、どんどん階段を上っていく。その歩みをすぐそばで見せていただいていることをとても幸せに思います。ただし、毎回会うたびに、「え〜っ！」とのけぞってしまうほど、大きな壁の前に立ち尽くしたり、びっくりするようなトラブルの渦中であったり。私だったら、精神的に参って、もうやめてしまうかも……という大きな荷物を抱えていることに驚きます。側から見ると、順風満帆、美しくて、おしゃれで、仕事ができて……。そんな姿の陰には、いつも水面下でバタバタと足で漕《こ》いでいないと沈んでしまう水鳥のようなドタバタがありました。

この取材は今から14年前。「手作りとプロダクトの境界にあるもの」をコンセプトに量産でありながら温かみのある食器作りを模索していた時期です。時にアトリエに簡易ベッドを持ち込んで寝泊まりされていました。食事は、ご自身が作った大皿に玄米ご飯と焼き鮭を盛りつけただけ。それでもそのひと皿が、それは美しかったのです。「丁寧な日常の実感から器が生まれると思っていたけれど、ものを生み出す力はそれだけじゃない。仕事の合間の食事はこれで完璧」と語ってくれました。

結果が出ていなくても、未来が見えなくても、「これでいい」と自分の今を肯定する。それは、不安や心配がまったくない、ということではなく、「覚悟を決める」ことなのだなあと思います。腹をくくるからこそ、トラブルがあっても強い！

「発表してすぐに売れなくても、1年、2年たつと不思議と売れ始めるんです」と話してくれたことがありました。売り続けるその胆力がすごい！　前進のためだけではなく、「決してやめない」という現状維持の習慣もある……。たとえうまくいく、という確信がなくても、「やめない」ことで、確実に足もとに積み重なるものがある。「自信」とはそうやって自分で育てるものなのかもしれません。

為末 大さん

男子400メートルハードルの日本記録保持者。シドニー、アテネ、北京と3度のオリンピックに出場。2012年現役を引退。現在は執筆活動や、スポーツ、教育事業に関する会社を経営。ユーチューブ「為末大学」を主宰。

頑張ってもうまくいかなかったら諦める

「今の人生」の横に走っている
「別の人生」がある。
それに気づけば、もっとラクに生きられる

「この頃何をやってもうまくいかない」。そう思ったとき、「諦める」という方法もある。2016年の取材時にそう教えてくれた為末さん。「できることでうまくいかなかったことは悔しがっていい。でも、できないことをできないと落ち込んでもしかたがない。自分で責任を背負いすぎるのでなく『これはできないよね』と決めてしまうことも大事です」

努力しても勝てないなら勝ちやすい場所へ移動して

ＷＢＣでスポットライトを浴びてキラキラと輝いている野球選手が、１年後にスランプに陥ったり、ウィンブルドンで活躍したテニス選手が、いつの間にか姿を消し、若手のもっと力ある選手が出てきたり……。そんなとき、彼ら彼女らはいったいどう思いながら明日を迎えるのだろう？　と思うと胸がキュッと痛くなります。

幼い頃、私たちは「諦めないで、頑張りなさい」と言われて育ってきました。でも、大人になるにつれ、世の中には「頑張ってもどうにもならないことがある」と知ります。そのとき、人は絶望するしかないのでしょうか？

為末大さんが引退した翌年出された『諦める力』（プレジデント社）は、「努力は必ず報われる、成功しないのは努力不足だ」という呪縛を解きほぐしてくれる１冊として大きな話題となりました。取材時に、こんなふうに説明してくれました。「僕があの本を書いたときに言いたかったのは『努力の方向性を変える』ということなんです」

中学生の頃、短距離の選手として全国トップに立ったのに、高校時代後半から勝てなくなったそうです。それで400メートルハードルに転向したそう。つまり「努力しても勝てない」ことがわかったとき、「勝ちやすい場所」へと自ら舞台を変えた、ということです。これって、なかなかできないこと。ずっと頑張ってきた世界があったなら、何がなんでもそこで結果を出そうともがきがちです。

「引退間際に、だんだん結果が出せなくなって、その現実を努力で変えることが難しいとわかってきます。そんなときに、ちょっと視点を変えるだけで、現実が違って見えてくる……。そして、競技に勝つだけがすべてだと思ってきたけれど、それ以外にも生き方はあると思うようになりました」と語ってくれました。

このとき教えてもらった「今の人生の横に走っている、別の人生がある」という言葉は、私の言葉のストック帳の大切なキーワードのひとつです。私たちが、思いどおりにいかない……と落ち込むときには、決まってまわりがまったく見えなくなっています。そんなとき、ふと横を見てみる……。優等生だった私に、「頑張るだけが進み方じゃないよ」と教えてくださった、宝物のような取材でした。

森下典子さん

エッセイスト。大学時代から「週刊朝日」のコラム「デキゴトロジー」の取材記者に。その体験記『典奴どすえ』（朝日新聞社）を出版。ルポライターとしても活躍。『日日是好日「お茶」が教えてくれた15のしあわせ』（飛鳥新社）がベストセラーに。

コツコツ続ける

お茶は先に「形」をつくって後から「心」を入れるもの。
世の中には、「すぐにわかるもの」と
「すぐにはわからないもの」の2種類がある

お茶を習い始めて40年以上、今では自然に手が動くように。大切なのは頭でわかろうとせず、今に集中すること。気がかりな仕事も、帰ったらしなくてはいけないこともあるけれど、お茶の稽古中だけは、日常から離れた「別の時間」のなかに。絵が好きでお茶道具や草花などを描いているそう。自身の絵を挿絵に使った本『好日日記 季節のように生きる』（PARCO出版）も。

先が見えないものを習いにいくという習慣

今から20年以上前、エッセイストの森下典子さんが出された『日日是好日《にちにちこれこうじつ》「お茶」が教えてくれた15のしあわせ』をたまたま書店で見つけて、茶道なんてまったく縁遠かったのに、夢中になって読んだことを覚えています。そして、読み終わったあと「うわあ、お茶を習ってみたいなあ」と切実に思いました。残念ながら、そのときはいい出会いがなくて、結局は今でも茶道は遠い世界です。あの本で、私がいちばん心惹かれたのは「時の流れ」でした。

この本は、森下さんが、週1回お稽古に通いながら、「お茶」をわかっていく過程を綴った体験談。本を読みながら「わかっていくプロセス」を一緒に体験できるのが、何よりおもしろかった！　お茶室にかけるお軸も、飾る花も、使う器も、お菓子も、その季節だけ。つまり、1年に一度しかめぐり合うことができません。お稽古を5年続けていても、5回しか経験できない……。でも、たんたんと続けていればお湯がしゅんしゅん沸く音や、1輪だけの花が語るものに気づくことができるようになる……。「季節はバックスクリーンに流れる風景ではありません」という森下さんの言葉が胸に染みました。当時、仕事に追いかけられ、とにかく効率がいいことがいちばん大事だった私にとって、そんな「時の流れ」があるということ自体が衝撃でした。

実際にお会いした森下さんは、とてもフランクで明るい方でした。仕事が一段落したらキッチンで立ったままお茶を点《た》てると聞いてびっくり！　今でも月3回はお稽古に通っているそう。「先の見えないものを習いにいく、という習慣をもつことで、違う時空のなかにするりと入ることがうまくなりました。定期的にそういう時間をもつことが人生の救いになる。お茶ってそういうことだと思います」

お茶を習い始めたばかりの頃は、「なぜこうするの?」と理由ばかりが気になったのだとか。たんたんと続けていれば、いつかわかるときが来る……。私たちはつい、意味や価値がわかってから……と思いがちですが、散歩に行ったり、庭仕事をしたり。「何も生み出さない時間」のなかで感じるものを観察してみるのもいいのかも。日常のなかにそんな「お茶的」な時間をもつことならできるかもしれないなあと思います。

佐々木かをりさん

経営者。通訳などを行う「ユニカルインターナショナル」、ダイバーシティ・コンサルティングの「イーウーマン」社長。著書に『なぜ、時間管理のプロは健康なのか？』（ポプラ新書）、『自分を予約する手帳術』（ダイヤモンド社）など多数。

手帳はいつも開いておく

やりたいことを時間に変換して
見えるようにするのが手帳の仕事。
常に開いて見るだけで、時間管理がうまくなる

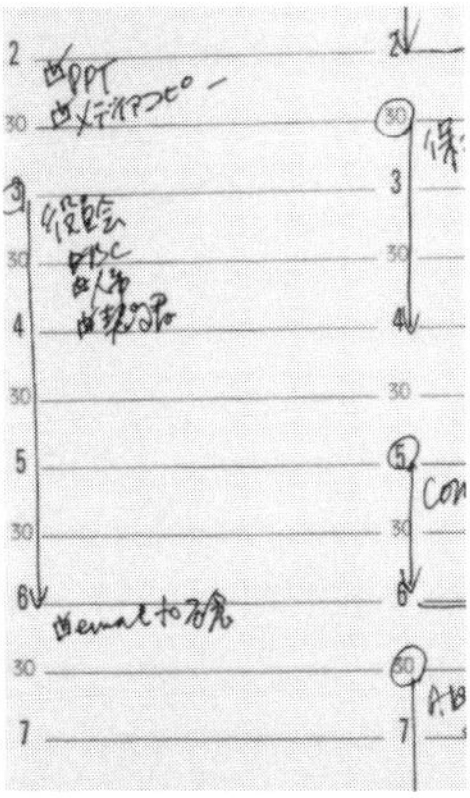

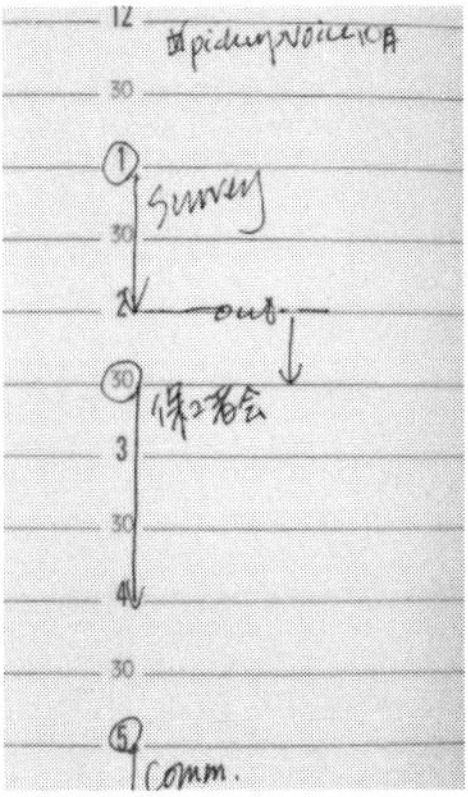

２つの会社の社長として多忙な毎日を送る佐々木さん。手帳を活用するようになったのは大学生の頃。昼間は大学、夜は語学学校、さらにアルバイトも。そんな毎日を管理するため手帳を手作り。手帳術は、能率を上げるだけが目的ではないそう。やりたいこと＝できたこと、になったらハッピー。手帳で行動を管理するのは自分の幸せ度を上げ、成果を出すためです。

手帳を常に眺めて暮らせば時間がひとつずつ自分のものになる

時間ができたらやろう。これを片づけたら取りかかろう。そうやっていちばん大事なことを先送りにしてきたなあと思います。日々は、やらなくてはいけないことがてんこ盛り。朝起きたら洗濯機を回さなくちゃいけないし、夜になればご飯を作らなくてはいけません。仕事でも、締め切りがあるものから先に。こうして目先のことから手がけているうちに、「本当にやりたいことができない」状態に陥ってしまいます。

手帳使いのプロ、佐々木かをりさんが教えてくれたのは、やることが頭に浮かんだら、「いつやるか」までを考えて、手帳に書き込むという習慣でした。さらに、それをするのにどれぐらいの時間がかかるかまでを考えて、時間の目盛りの上に線を引いておくのがコツ。つまり、行動と時間を手帳上で「面」で把握する、ということです。

さらには、他人との約束だけでなく、自分との約束も書いておくのがおすすめなのだとか。家事や育児に忙しくてお茶を飲む時間もつくれない、という人なら「毎日午後

3時にティータイムを過ごす」と自分と約束し、手帳の時間をブロックしておきます。

私には、雑誌などの締め切りがある仕事のほかに、単行本の執筆があります。エッセイなどの出版は、だいたい半年後だったり、1年後だったり……。つまり、絶対に今日書かなくてはいけない、と切羽詰まった状態にはならない、ということです。この環境で「書く」ことを続けていくのは至難の業《わざ》。でも、いちばん大事な仕事です。そこで「時間」を目安にすることにしました。朝起きたら、ほかの雑誌の締め切りがあったとしても、2時間は執筆時間をとります。「ここまでできたら」と仕事を「量」で考えるのではなく、「この時間でできること」と「時間」で区切ったら、「やりたいこと」を暮らしのなかにセットすることができるようになりました。

「できないことを手帳に書いて、自分を苦しめる必要はありません」と佐々木さんは語ります。できなかったら、次のページに書き写せばいいだけ。予定を立て、やってみて、検証する。そのプロセスを常に把握するための習慣が「手帳をいつも開きっぱなしにして、眺めて過ごす」ということなのです。眺めるだけで、無限の時間が、ひとつずつ自分のものになっていく……。そんな力を信じてみたくなりました。

坂下真希子さん

会社員。「アフタヌーンティー・ティールーム」で焼き菓子やジャムなどの開発を担当。フリーランスでアパレルで働く夫と14歳の息子、8歳の娘の4人家族。ウェブサイト「外の音、内の香」で「私の段取り日記」を連載中。

会社を出たら仕事は忘れる

夕方5時までにできる仕事をやればいい。
「もっとできるかも」を手放せば
気持ちがぐんと軽くなる

雑貨ブームが始まったばかりの頃に、ライフスタイルに興味をもち、新卒採用で「サザビーリーグ」に就職。今は5時に会社を出るやいなや、頭は高速回転！　明日のこと、週末のこと、1週間先のことを考え、段取りをスマホにメモするそう。「あれしなくちゃ、でもしたくない、と気が重いのがイヤなんです。順番を考えて、動き出したほうがずっとラクですよ」

「ここまで」と足を止めるコツは「もうひとつ」の大切なものを見つけること

頑張るよりも、「ここまで」と線を引き、足を止めるほうがずっと難しいなあと感じています。子どもがいる仕事仲間が、夕方になると「お迎えの時間なので」と打ち合わせ途中で、さっと切り上げていく姿を見て、「もうひとつの世界をもっているっていいなあ」とうらやましくなったもの。坂下真希子さんもそのひとりでした。出会った頃は、まだ夫婦ふたり暮らしで、「アフタヌーンティー・ティールーム」の商品の企画開発を手がけ、バリバリと働いていました。そんな生活がガラリと変わったのが、長男新之介くんを出産してから。助産院で産んだので、食生活についていろいろなことを学び、砂糖を使うのをやめたり、乾物や野菜、豆中心の食生活を始めたり。

出産前を知っているからこそ、夕方5時で仕事をやめて帰宅するのは、「もの足りない」とか「もっとできたのになあ」と思っているのかなあと思っていました。ところが……。「仕事のことを考えるのは5時までって決めたんです。それまでにできなかったら諦めようって」ときっぱり！　その気持ちの切り替えのすがすがしいこと！　足を止めることができるのは、仕事とは別の「大切なもの」をもっているからこそ。坂下さんにとってそれは、家族のために、身体にいいご飯を作り、みんなでおいしく食べることでした。逆に言えば、仕事とは別のもうひとつの価値観をもてば、自然にブレーキを踏むことができるのでしょうか？

4年前、心理カウンセラーの先生に、「一田さんは365日仕事のことを考えているでしょう？　それって危険なことですよ。もし仕事ができなくなったら、心もぽきっと折れてしまいそう。仕事以外の趣味をもったら？」とすすめられました。そうして、始めたのがテニスです。思ってもいなかったほど夢中になり、今はどんなに原稿の締め切りが迫っていようが、週に1回はウキウキとレッスンに出かけています。

「これがいちばん大事」と思い込んでいるとき、その外側に広がる世界まで視野を広げることがなかなかできません。「外」を知るための唯一の方法が、あれこれ考えずにまずはやってみること。穴にすとんと落ちるように没頭する……。それは頭でコントロールすることではなく、体と心が「つかまる」感覚なのかもしれません。

野口真紀さん

料理研究家。美術大学を卒業後、イラストレーターを目指すも断念。その後、料理雑誌の編集者を経て、料理学校で学び料理研究家に。二児の母でもあり、抜群の作りやすさと繰り返し食べたい味を備えたレシピが人気。

毎日銭湯に通う

銭湯通いは、暮らしのなかのプチバカンス。
家をいったん離れることで、一日が完結する。
ささやかな時間が、明日からの集中力を磨く

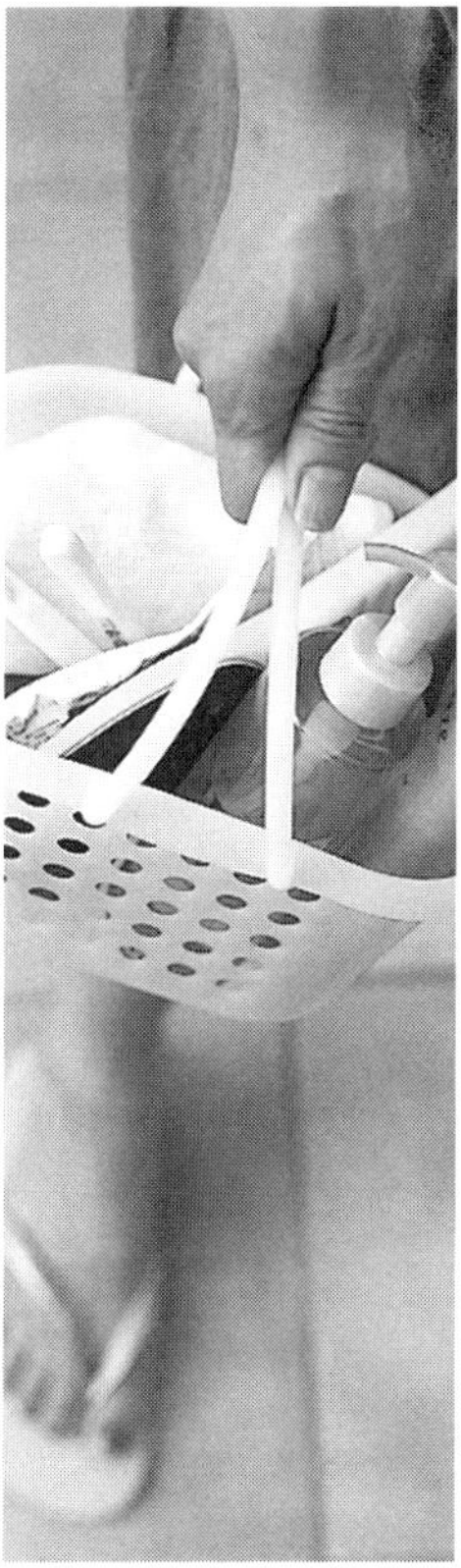

出産後すぐから仕事を再開し、子育てと仕事を見事に両立してきた野口さん。おしゃれで自然体なライフスタイルが多くの支持を集めています。家事も仕事もダラダラやるのが苦手。午前中に掃除も洗濯も夕飯の準備もすませてしまうのが、時間に追いかけられる毎日から抜け出すコツだそう。夕暮れから銭湯に通うのが楽しみ。自分をご機嫌にする達人です。

これでおしまい！とピリオドを打って「やり終える」という習慣を

数年前に、ある人が「夕飯のあと、ウォーキングに行く」という習慣を教えてくれて、真似するようになりました。それまでは、夕飯を食べ終わるとぐったりと疲れ、ダラダラと見たくもないテレビを見たり、うたた寝をしたり。そんな時間をなんとかしたいとちょうど思っていたのでした。エイッと思いきって、靴を履いて玄関を出てみると……。東京の夜は明るいけれど、それでも頭の上には星空が広がっていました。「ああ、私がぐうたらしていた家の外には、こんな夜空があったんだ！」と新しい発見をしたようでワクワク！　自宅を一歩出る、ということは、想像以上に自分のスイッチをパチリと切り替える効果があることを知りました。

野口真紀さんは、さばさばした楽しい方です。いつも料理の取材にうかがうと、キッチンにはすでに準備がパシッと整って、撮影が始まると、段取りよく次々に料理を仕上げてくれます。そして、予定時間よりぐんと早く終了！　試食用の料理を並べて、

「さあ、飲もう！」と白ワインを開けることもあったなあ。

そんな野口さんのいちばん大切な習慣が、夕方に銭湯に行くこと、と聞いてなるほど！　と納得しました。今から15年前、6歳だった娘のうたちゃんと一緒に、シャンプーやリンス、牛乳石鹸などを入れたかごを手にレッツゴー！「大きな湯船につかると体の芯まで温まって、睡眠の深さも違うんです」と教えてくれました。

朝は、起きた瞬間からパワー全開。毎日5時に起き、洗濯機を回しながら掃除をし、夕食の準備も、「あとは焼くだけ、あえるだけ」という状態まですませてしまうそう。仕事のあとはお酒を楽しみ、夜は銭湯に入ってぐっすり眠る。そんな野口さんの一日には「完結」がありました。

私たちはつい、「明日やろう」「いつかやろう」と、今日やることを先延ばしにしがちです。そうすると、いつまでたっても心のどこかに「やらなくちゃ」という思いが残り続け、結局自分で自分を疲れさせてしまいます。だったら、たとえやりかけのことが残っていても、「おしまい！」とピリオドを打つほうがずっと健全。今日、やるべきことをやり終える。そんな習慣のつくり方もあるのだと教えていただきました。

大井幸衣さん

「オンワード樫山」を経て、「マーガレット・ハウエル」でデザイン、販促を担当。退社し、カシミヤを中心としたブランド、「エヌ ワンハンドレッド」を立ち上げ、2018年に終了。現在は、縁のあるブランドのアドバイザーなどを手がけている。

毎年、正倉院展に行く

「好き」と思ったら、あらゆる手段を尽くして味わいきる。
思うだけより、行動すれば
「好き」の強度がアップする

アパレル会社で働いていたとき、出張で訪れたニューヨーク郊外のビーチで、夏なのにみんながカシミヤのカーディガンを羽織っていたのを見た記憶が「エヌ ワンハンドレッド」を立ち上げるきっかけになったそう。現在は鎌倉に建てた居心地のいい自宅での時間を大切に。毎年正倉院展に通い、去年でちょうど30周年。継続も大井さんの特技のひとつです。

コツコツ続ける。不要なら手放す。そのメリハリが「好き」を長持ちさせる力に

私はよくいえば、ものごとを大きな目で捉えるタイプ。全体として、どういう意味があるのか、どっちに向かっているのかを把握しておきたくなります。けれど、細かいことは粗い網の目からボロボロとこぼれ落ち、さっぱり覚えていないという「ディテール音痴」です。大井幸衣《ゆきえ》さんはこの大きな目と細やかな目の両方を併せ持つ方だなあと思います。会っておしゃべりしていると、その記憶力の確かさに驚かされます。幼い頃の思い出から、今までの仕事で出会った人、買ったもの、推しの話などなど。

ご自身のファッションデビューは、小学校2年生の頃、人形のタミーちゃんに新発売の洋服を着せてあげたことなのだとか。「小遣いやお年玉だけでは足りなくて、1年先の小遣いまで前借りし、全財産を注ぎ込みました」

この話を聞いて、記憶力のよさとは、「そのとき」と向き合った熱意の濃さによるんだ！　と知りました。アパレル会社の面接の際も、当時いちばんカッコいいと思って

いた「カルバン・クライン」を「やりたいです！」と志願。念願叶い、ニューヨークと東京を行き来する刺激的な日々を過ごしたそう。その後「マーガレット・ハウエル」に転職し、同社を退職後、ご自身が大好きだったカシミヤのブランドを立ち上げました。「仕事柄、出張が多かったので、軽くて、洗えばすぐ乾き、重ね着ができて暖かい。そんなカシミヤをもっとデイリーに着られればいいなと思って」。10年続けた後に解散。今は、知り合いに請われ、楽しいと思えるときだけ手伝いをしています。

そんな大井さんの習慣は、毎年秋に開催される正倉院展に行くこと。日常の道具からアートまで、歴史に残る美は、本当に美しいものを見極める基準を教えてくれるそう。忙しい仕事の合間に毎年必ず訪れる、という飽くなき好奇心は本当にすごいなあと思います。コツコツと続けていることは、アートとビジネスが、遊びと仕事が、と一見関係ないことが、互いに横につながって、自分を支える力となってくれるよう。

60代後半になった今は、いろんなものを手放すステージに入っているそう。それでも必要な、自分にとって本当に心地いいものだけを買い足す……。ブレーキとアクセルを上手に使い分けることで「好き」の純度がより高くなるのかもしれません。

望月通陽さん

染色家、造形作家。染色、陶芸、ガラス絵、リトグラフ、木彫、ブロンズなど多様な手法で独自の作品世界を築いている。装丁、舞台美術なども手がける。作品集に『方舟に積むものは』(筑摩書房)、『道に降りた散歩家』(偕成社)など。

出かけた先で拾いものをする

何百枚もある落ち葉のなかから、この1枚を拾う。
見捨てておけないものは、
自分が求めているもの

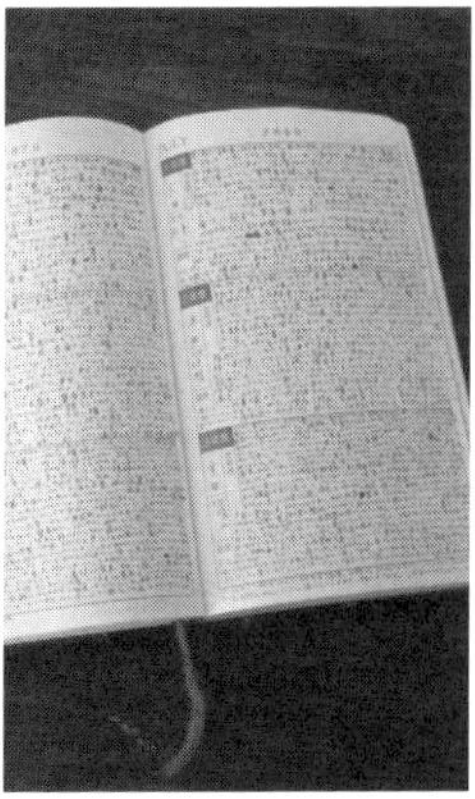

型染め、ガラス絵、紙版画、リトグラフ、鋳造ガラス、ブロンズ、ペン画。多彩な表現、手段で制作する望月さん。どの作品を見ても望月さん作だとわかるのは、道端で１枚の葉を拾い上げた手のなかから生まれるから。人を想う心で形を育てていくから。毎朝起きたら日記を書くのが習慣。「ざわざわと心が騒いだら、何かが自分に降りてくる証《あかし》」だそう。

辺りを見渡すのをやめて自分の目で拾い上げる練習を

どんな器を買って、おかずを盛りつけ、毎日の食卓をつくるか。どんなシャツやパンツを買って、どんなバッグを持って仕事に出かけるか。何を選ぶかによって、自分がどんな人間かが人にバレてしまう……。若い頃からずっとそう思っていました。常に「これを選んだ私って、どう見られるかな？」と気にしていたと思います。だから、雑誌に紹介されているような、有名陶芸家の個展に走ったし、ちょっとおしゃれな人たちが着ているブランドを調べて同じものを買いに行ったもの。

でも……。カッコいい器は洗いにくくて、少しずつ食器棚の奥が定位置になってしまったし、人気ブランドの服を張り切って着てみても、私には似合いませんでした。買ってすぐはワクワクするのに、しばらくすると、なんだかしっくりこない……。かつての私は「気分」を買っていたんだなあと思います。そんな失敗を繰り返し、やっと自分に合うものは、私にしかわからない、ということを理解しました。

望月通陽《みちあき》さんの取材にうかがったのは、秋の始まりの頃でした。一緒に黄色く色づき始めたイチョウの葉っぱを拾いに行ったのを、昨日のことのように覚えています。足もといっぱいに広がる黄色の葉っぱから、いったいどの1枚を選ぶのか、途方に暮れました。え〜、どれにしよう？　1枚を選ぶ自信がない。今から17年前のことです。

今なら、あっけらかんと言えると思います。「好きなの、拾えばいいじゃん！」って。どれを選んだらいいかわからなくなるのは、まわりの人をキョロキョロ見渡してしまうから。選択の軸を、自分の外側に設定したとたん、選ぶ理由がふらつきます。

選ぶ目を磨くために必要なものは「失敗」なのだ、と教えてくれたのは、おしゃれ雑誌で取材した先輩たちでした。若い頃たくさん買い物をして、たくさん失敗をしたそうです。実は、私は失敗が大嫌い！　なるべく間違わないように、失敗しないように、と歩いてきました。でも、自分でやってみて、失敗し、そのなかから学ぶことでしか、自分の軸をみっしりと太くすることはできない……。その第一歩が、まずは辺りを見渡すのをやめて、自分の目で選ぶ、ということ。秋になったら、落ち葉を拾いに行く。そんな習慣は、自分の目を育てる練習になりそうです。

一田憲子

1961年生まれ。編集者・ライター。OLを経て編集プロダクションに転職後フリーライターとして女性誌、単行本の執筆などを手がける。企画から編集、執筆までを手がける「暮らしのおへそ」「大人になったら、着たい服」（共に主婦と生活社）を立ち上げ、取材やイベントなどで、全国を飛び回る日々。『明るい方へ舵を切る練習』（大和書房）ほか著書多数。暮らしのヒント、生きる知恵を綴るサイト「外の音、内の香」主宰。ポッドキャスト番組「暮らしのおへそラジオ」を配信中。Instagram @noriichida

【スタッフ】

アートディレクション　成澤 豪（なかよし図工室）
デザイン　成澤宏美（なかよし図工室）
校閲　小川かつ子
編集　木村 愛
編集アシスタント　北澤知佳子
撮影（二次掲載）　枦木 功（7／79／83ページ）、公文美和（11ページ）、興村憲彦（15／27／35／39ページ）、森嶋一也（19ページ）、馬場わかな（23／43／87／109／113／133ページ）、長塚奈央（31ページ）、在本彌生（49ページ）、鍵岡龍門（53ページ）、岡田久仁子（57／103ページ）、石川奈都子（61ページ）、有賀 傑（65／69／73ページ）、寺澤太郎（91／99／129ページ）、野川かさね（95ページ）、中川正子（117ページ）、大森忠明（121ページ）、和田裕也（125ページ）、加藤新作（137ページ）、広瀬貴子（141ページ）

※本書に掲載されている写真と言葉は「暮らしのおへそ」のバックナンバーから転載しており、取材当時のものです。著者のエッセイは新たに書き下ろしたものです。

もやもやしたら、習慣かえてみたら？

著　者　一田憲子
編集人　森 水穂
発行人　倉次辰男
発行所　株式会社主婦と生活社
〒一〇四‐八三五七　東京都中央区京橋三‐五‐七
編集部　電話〇三‐三五六三‐五一九一
販売部　電話〇三‐三五六三‐五一二一
生産部　電話〇三‐三五六三‐五一二五
https://www.shufu.co.jp
製版所　東京カラーフォト・プロセス株式会社
印刷所　凸版印刷株式会社
製本所　株式会社若林製本工場
ISBN978-4-391-16008-6